서문문고
11

한국사상사

(불교사상편)
박 종 홍 지음

머리말

이 책은 《韓國哲學史》라는 제목으로 《韓國思想》誌에 지금까지 연재되었던 글을 편집, 수록한 것이다. 내용이 우선 불교에 관한 것인만큼 부제를 〈佛敎思想篇〉이라고 하였다.

사상사라고 하면 널리 정치・경제・문학 등에 관한 것, 특히 사회사상사까지도 연상될는지 모르나 이것은 그런 광범위한 것이 못 되고 철학적인 면, 그것도 나로서 중요하다고 생각되는 것을 중점적으로 다루어 본 것에 지나지 않는다.

처음부터 하나의 저술로서 집필하였다기보다는 나 자신 알고 싶은 일념에서 오랫동안 더듬어 온 자취인 것이요 따라서 서술의 양식조차 제대로 통일되지 못한 점이 적지않다. 그런대로 우리의 선인들의 사상적인 깊이에 부딪혀 이것을 밝혀 보고자 내 딴에는 노력하였다.

보통 상상하였던 이상으로 심오하고 철저한 경지의 철학적 사색이라고 느껴질 때마다 나로서는 새로운 것을 배웠다고 하겠거니와 동시에 억제하기 힘든 흥분을 경험하곤 하였음도 사실이다. 나는 그런 우리의 조상을 가졌음을 다시없이 고맙게 생각한다.

아직도 단행본으로 세상에 내놓을 만한 계제의 것이 되지 못함을 스스로 모르는 바 아니나, 주위에서 권하는 대로, 혹은 문제의 소재나마 드러내는 계기라도 되었으면 하는 뜻에서, 별로 손을 대지도 못한 채, 여기에 문고판으로 내놓게 된 것이다.

좀더 이해하기 쉽게 쓰지 못한 것은 무엇보다도 나 자신부터가 그 속에 무르익지 못한 탓이겠지만, 그에 앞서 선인들의 정치, 엄밀한 표현을 섣불리 흐려버려 오히려 진의를 그르칠까 염려되었던 것이다.

나는 이 책이 한국 사람의 철학적 사색이 어떤 수준의 것이었던가를 밝히는 데 조금이라도 도움이 될 수 있기를 바랄 뿐이다.

1972년 9월 1일
저자 씀

한국사상사
(불교사상편)

※ 한국사상사

차 례

序 論 9
緒 論 27

I 高句麗 僧朗의 認識方法論과 本體論 35
  1 三論宗의 선구 37
  2 認識方法論 40
  3 本體論 48

II 圓測의 唯識哲學 53
  1 圓測의 學的 위치 55
  2 慈恩宗派의 시기 61
  3 근본적인 연구태도 69
  4 독자적인 견해 74

III 元曉의 철학사상 87
  1 和諍의 논리 89
  2 覺의 원리 111
  3 覺의 방법 120
  4 無碍의 구현 128

IV 羅末·麗初의 정신적 추세 ……………………………… 133
1 개 관 ………………………………………………… 135
2 풍수도참 사상 …………………………………… 138
3 자칭 미륵불의 출현에 이르기까지 ………… 144
4 禪宗의 도입 ……………………………………… 151

V 義天의 教觀幷修와 주체적 전통 ……………………… 157
1 教觀幷修 …………………………………………… 159
2 전통의 확립과 주체성의 선양 ……………… 176

VI 知訥의 사상 ………………………………………………… 189
1 廻光反照 …………………………………………… 193
2 頓悟漸修 …………………………………………… 208
3 定慧雙修 …………………………………………… 217
4 無思로 契同 ……………………………………… 227
5 廻向의 普賢行 …………………………………… 238
　追 記 ………………………………………………… 245

서 론
=한국사상연구의 구상=

1

 우리는 한국 사람이다. 우리는 한국 사상을 문제삼기 전에 이미 한국 사람으로서 살고 있다. 한국 사람이 한국 사람으로서 사는 데서 한국 사상도 생겨났으며 또 문제삼게도 된 것이다. 외국 사람은 한국 사상을 연구 대상으로 할 수는 있으나 몸소 한국 사상을 낳을 수는 없다. 외국 사람이 그대로 곧 한국 사람은 아니요 우리 대신 한국 사람의 삶까지 살아 줄 수는 없는 일이기 때문이다. 아무리 호의를 가지고 이해를 한다 하더라도 우리를 대신하여 우리의 삶을 살 수 없는 이상 우리의 사상을 낳아 줄 수는 없다.

 모든 것이 국제적·세계적으로 추진되어 가고 있는 이 새로운 시대에 처하여 한국 사상을 운운함이 마치 보수적인 고루한 짓이라고 생각하는 사람이 있을는지 모르나 이것은 국제적·세계적이라는 것의 진의를 올바르게 파악하지 못한 소치인 줄 안다. 각국의 특징을 말살함으로써 하나가 되는 것이 국제적이 아니다. 서로 장점을 살려 이해가 깊어질 때 비로소 정신적으로 가까워지는 것이 아닌가.

각자의 특색을 의의있게 관철함으로써만 그 특색을 초월한 깊은 면에 있어서의 일치 융합도 가능한 것이다. 한 가정의 화목을 위하여 부부의 중성화를 꿈꾸는 사람이 있다면 누구나 아연해질 것이다 세계가 하나의 맥락 속으로 얼키어 있는 만큼 한국의 사정이 그대로 세계적인 정세를 반영하고 있는 것이요 구태여 한국을 따로 내세울 필요가 없다고 할는지 모르나 세계 어디를 가나 한국 사람은 하나의 한국 사람으로서 행세해야만 되고 또 하지 않을 수 없는 것이 사실이라면 한국 사람의 사상은 한국 사상일 수밖에 없다.

혹은 말하기를 세계적인 종교 사상을 보라, 철학 사상을 보라, 위대한 사상에는 국경이 없는 법이다라고 할는지 모른다. 옳다. 그러기에 서로 이해가 가능하고 친선을 도모할 수도 있는 것이다. 그러나 그렇다고 하여 그 세계적인 종교, 세계적인 철학이 단 하나인 것은 아니다. 설사 근본 원리에 있어서 하나라고 보려는 사상이 있다손치더라도 그것은 또 그것대로 벌써 하나의 특색을 형성하고 있는 것이다. 하물며 동일한 종교, 가령 불교만 하더라도 전파된 나라를 따라 같은 동양에 있어서 그 얼마나 많은 종파가 생겨났던가. 한국적인 기독교라야만 한다는 주장도 일리 있는 일 같다. 철학은 왜 고대·중세·근대로만 나누어지지 않고 영미 철학·독일 철학·프랑스 철학 등의 특색을 말하게 되는 것인가. 그 모두가 하나같이 세계적인 진리를 지향하는 것이련만 사상이란 원래 인간의 생활 속 깊이 그 뿌리를 내리지 않고는 그의 옳은 구실을 다하지 못하는 것인 만큼 자연 민족성이나 국민성이 드러나지 않을 수 없게 되는 것 같다.

그러므로 한국 사상도 하루아침에 그 어느 개인의 머릿속에서 만들어내진 것은 아니다. 장구한 역사를 통하여 이 한반도에서 삶을 영위한 우리 선조들이 두고두고 피와 땀으로 싸워 얻은 고귀한 체험의 발로이다. 혹자는 이에 대하여, 그런 한국 사상이란 게 뭐가 도대체 있었느냐고 할는지 모른다. 그러나 한 가지만 그분들에게 나는 묻고 싶다. 외국 것을 알기 위하여 허비한 시간과 노력의 얼마를 우리의 것을 찾기 위하여 바쳐본 일이 있느냐고. 알아 본 일도, 아니 관심조차도 가져본 일이 없으면서 단안부터 내리는 용기와 의아심은 자기의 일을 남의 일같이 대하는 너무나 딱한 태도가 아닐 수 없다. 우리 한국 사상에 관한 연구는 아직도 거의 미개의 처녀지 그대로 있다. 미술이나 음악이 외국 사람으로서도 칭탄할 만한 그러한 수준의 것임이 사실이라면 그를 만들었고 그 속에서 그와 더불어 생활한 한국 사람의 사상만이 유독히 이렇다 할 것이 없었을 것인가. 우리는 우리 자신을 너무나 잊어버리고 있는 것도 같다. 자아를 망각한 빈 마음은 이리 쫓고 저리 달려 새로운 사조를 유일한 진리인 양 받아들이기에 바쁜 것도 같으나 이를 소화해서 내것으로 만들 겨를을 가지지 못한 채 거기에 남는 것은 공허한 모방에 지나지 않은 形骸뿐일는지도 모른다. 이것이 이른바 사대주의의 병폐요 자각을 가지지 못한 나라 사람들이 빠지기 쉬운 안타까운 약점이다.

그렇다고 새로운 것의 도입이나 섭취가 무의미하다는 것은 물론 아니다. 우리의 생활이 없는 곳에 우리의 사상만이 있을 수 없고 우리의 생활 자체가 하나의 완성품일 수 없다면 한국 사상도 어떤 완결된 봉쇄적인 것일 수는 없다. 나의 생활이 나 홀로 고립하여 불가능하며 코뮤니케이션이 필요하듯이 우리의 사상은 외래 사상과의 접촉 대결에 있어서 비로소 세련도 되고 성장도 한다. 한국 사상이라 하여 태고적부터 완성 고정되어 있어서 마치 땅 속에 파묻힌 보석과도 같이 어디 숨어 있는 것을 찾아내기만 하면 그대로 찬연한 빛을 발할 것이라고 쉽게 생각함도 경계할 일이다. 설사 그러한 보석과 같은 것이 있다손치더라도 그것을 찾아내는 노력이 필요할 것이요 또 갈아야 광채가 나는 것이 아닌가.

우리의 모든 노력의 궁극적인 목표가 우리의 살 길을 찾는 데 있다면 한국의 사상은 우리가 살아 나아갈 앞길을 밝혀주는 것이어야 할 것이다. 사상이란 懷舊的인 추억에 그의 사명이 다하는 것이 아니다. 우리의 삶에 새 힘을 넣어주는 안내의 몫을 담당할 수 있어야 할 것이다. 그런데 남이 우리를 대신하여 우리의 길을 개척할 수도, 걸을 수도 없는 일이라면 아무리 힘들어도 우리의 힘으로 우리의 길을 개척하여야 하며 걸어가는 수밖에 도리가 없다. 그런 만큼 그에 대한 우리로서의 確乎不拔한 사상이 먼저 뚜렷하게 서야 할 것이 요구된다. 한국의 정치적 독립, 경제적 독립은 누구나 외치며 그를 위하여 싸울 줄 알면서 어찌하여 그의 정신적인 밑받침이 될 사상적 독립을 위하여서는 그렇게도 대범한가. 한국의 지도 이념을 떠난 정치 투쟁도 경제 건설도 있어서는 안 될 일이거니와 이 한국의 지도 이념이란 딴 것이 아니라 바로 한국 사상이 지니고 있어야 할 기본 정신을 이름이다.

2

한국 사람이 겪어온 고난 극복의 역사가 중첩한 파란과 곡절로 아로새겨질 적마다 한국의 사상은 폭이 넓어지고 깊이를 더하여 왔다. 따라서 섣부른 일면적 고찰로써 한국 사상 전체의 본령을 파악하기는 매우 곤란한 일인 줄 안다. 보통 말하기를 한국 사람은 대체로 현세적·실제적인 것에 애착을 가지고 그를 즐기려 하며 중시하려는 경향이 많다고 한다. 옛날 사람들이 본래 그랬음직한 일이요 근세에 와서는 유교의 영향도 컸으리라고 짐작된다. 그러나 가령 같은 불교에도 삼국 시대의 유물로서 오히려 미륵불상의 절묘한 작품을 많이 볼 수 있다거나 신라 말엽에 저 弓裔가 특히 미륵불의 현신임을 자칭하였던 것 같음은 무엇을 의미하는 것일까. 미륵은 未來佛이다. 현세적·실제적인 것을 단순하게 그것만으로써 생각하려는 사상적 태도는 아니었던 것이 분명하다. 우리의 사상 속에는 미래와의 관련에 있어서 현재를 파악하려는 태도도 있었던 것같이 짐작된다.

현재의 진의는 한갓 현재에만 얽매임으로써 살려지는 것이 아니다. 현재나 과거의 파악에 있어서 미래에 대한 태도 여하가 다시없이 중요한 몫을 하는 것임을 우리는 주의하여야 한다. 과거의 역사와 당면의 사실엔 사람의 마음대로 좌우할 수 없는 것이 있기 때문에 우리는 지나간 날에 저지른 일을 후회하기도 하며 목전에 봉착한 난관 앞에 무력을 한탄하기도 한다. 그러나 그렇다고 하여 과거나 현재의 의의가 언제나 一義的으로 이미 결정지어져 있는 것은 아니다. 희망에 찬 미래에 대한 계획으로서 현재가 긴장된 건설로 驀進할 때 비로소 그의 과거는 새로운 뜻을 가지고 빛날 수도 있다. 그리하여 다시금 그의 과거가 살려져 현재의 건설에 이바지하는 둘도 없는 힘이 되기도 한다. 건설적 의욕에 불타고 있는 청년의 맑은 눈동자에는 모든 것이 그 이상의 실현을 자극하며 추진시키는 귀중한 계기로 보여질 것이 아닌가.

과거에서 무엇을 보며 또 그것을 어떻게 보는가는 미래에 대한 태도가 결정한다. 보통은 과거가 그대로 밀려 내려와 현재가 되고 또 미래가 된다고 하나 인간의 능동적·

건설적 행위는 그처럼 간단한 것은 아니다. 삼국 시대의 역사에서 또는 고려 시대의 역사에서 무엇을 보며 또 그것을 어떻게 보는가는 현재의 우리의 태도에 달렸고, 이 현재의 우리의 태도는 미래에 대한 건설적 의욕에 의하여 제약되는 것이다.

한국은 종래에 이상하게도 주로 소극적인 隱士의 나라, 더 나아가 哀傷의 아름다움을 가진 나라로서 널리 알려져 있다. 고려자기의 형태나 또는 그 위에 그려진 그림의 빛깔과 문양이 그렇다고도 하며 哀調를 띤 민요의 멜로디가 또한 그렇다고도 한다. 대륙의 우렁참도 없고 섬나라의 현란함도 없이 고요하고 적막한 가운데 하늘에 호소라도 하는 듯한 애달픈 선의 멜로디가 그의 특색을 형성하고 있다고 한다. 이것은 사실일 것이다. 그러나 이것은 보는 사람 자신이 너무나 애상적인 견지에서 미래에 대한 적극적 건설 의욕이 세차지 못한 때 보여지는 일면인 줄 안다. 고구려 고분 안의 벽화들을 보라. 석굴암의 석가상을 보라. 거기 어디서 그런 소극적인 것, 더구나 애상의 흔적을 볼 수 있단 말인가. 靑龍이나 玄武의 그림에서 약동하는 선 속에는 오히려 웅혼한 기상과 힘을 느끼지 않을 수 없을 것이요, 석가상의 원만 具足한 相好는 누구나 믿음직한 안도감을 느낄 것이다. 탄압에 시달린 일제 치하에 있어서 유행되어온 민요의 멜로디가 그대로 한국적인 情調를 대표한다고 하여도 좋은 것인지 나는 의문이다. 어느 나라를 막론하고 민요란 대개 애조를 띠는 것임직도 한 일이나, 신라나 고구려의 서울 거리에서 그러한 애조를 띤 노래가 흘러나오곤 하였을까, 자못 의심되는 바다. 을지문덕의 시구에는 적을 삼키고도 남을 기개가 넘쳐 있거니와 대자연 속에 노닌 화랑도들의 입에서 그처럼 나약한 애상의 노래가 흘러나왔을 리 만무하다.

 한국은 반도이기 때문에 대륙과 섬나라의 양 틈새에서 고난의 역사를 마치 운명적으로 받아온 것처럼 생각하며 말하는 사람이 있다. 그것이 틀림없는 판단이라면 장래도 그러한 운명을 걸머진 채 같은 고난을 되풀이하여야 된다는 말인가. 도대체 반도니까 그렇지 않을 수 없다는 결론은 무엇을 근거로 하여 이끌어낸 말인가. 저 그리스의 반도를 생각해 보라 이탈리아 반도는 어떠하였던가. 고대 그리스의 문화, 문예부흥기의 문화는 반도 아닌 어디서 생겨났던 것인가. 반도니까 그저 소극적인 운명을 걸머져야 된다는 이유를 나는 모르겠다. 반도니까 오히려 종합적인 새로운 문화의 꽃을 피울 수도 있고, 반도니까 대륙이나 섬나라도 포섭할 운명을 가질 수도 있다. 미래에 대한 건설적 기백과 계획에서 과거의 역사를 보는 눈을 기르자. 우리는 우리를 너무나 얕잡아보는 좋지 못한 버릇이 있는지도 모른다. 우리는 지금 바로 우리의 것을 살려서 적극적으로 다룰 줄을 알아야 할 때가 된 것이다. 이것은 공연한 허장성세가 아니다. 왜곡되었던 史實을 널리 바로 보자 함이요, 부질없는 편견을 제거하자는 것뿐이다.

어떤 이는 말하기를 한국 사상이라야 불교 사상 아니면 유교 사상일 것이요, 불교나 유교가 모두 남의 것이 아니냐고 할는지 모른다. 그러기에 그와 유사한 외국인의 질문에 한국 유학생들이 가끔 당황하는 경우가 있다는 말을 들었다. 있을 법한 일이다. 그러나 그런 논법으로 일관한다면 서양의 여러 문명국에는 하나의 문화밖에 없고 아마도 이렇다 할 각자의 독자성들은 없어야 할 것이다. 아니 서양 문화라는 것의 독자성마저 엄밀하게는 없어야 할 것이다. 기독교는 분명히 동양에서 시작된 종교이겠기 때문이다. 그리스 사상까지도 동양 사상의 영향 없이 생겨난 것이라고 단언하기 힘들 것인 줄 안다. 서양 문화의 특색이 없다면, 그럼에도 불구하고 서양 사람들 자신이 누구보다도 먼저 반대할 것이 아닌가. 그렇다면 한국에 있어서만 불교나 유교가 外邦으로부터 전래되었다고 하여 사상적인 독자성이 없으란 법이 어디에 있을 것인가.

한국의 불교는 禪을 위주하였으나 敎宗을 겸한 조계종이 전체적인 주류를 형성하여 왔고 그와 관련하여 지눌과 같은 창의적이며 총혜한 고승을 낳았다. 우리는 이 지눌의 사상을 탐구 천명함으로써 한국 불교 사상이 어떤 점에 있어서 그의 특색을 발휘하고 있는가가 밝혀질 것이라 기대된다. 또 보통으로 말하기를 조선시대는 유학도들의 공리공론으로 망하였다고도 하나, 한 예로서 四端七情論 같은 것은 오히려 세계 철학사를 빛낼 우리의 자랑거리가 될지 언정 무의미하다거나 더구나 해를 끼쳤다고 함은 지나친 혹평이 아닐 수 없다. 사단칠정론에 있어서와 같이 하나의 철학적 문제를 중심으로 수세기 동안이나 뒤를 이어 끊임 없이 줄기차게 논의되어 왔음은 아마도 다른 나라에서는 그 예를 보지 못할 일일 것이다. 나는 오히려 한국 사람의 강인한 思索癖의 발로이었다고 생각한다. 한국 사람의 철학적 두뇌와 역량을 여실하게 보여준 것이라고 생각한다. 이 공리공론같이 보여지는 사단칠정론을 다시 계승하여 현대 철학적 견지에서 좀더 철저히 연구 전개시킬 필요조차 있다고 나는 느끼곤 한다. 그리하여 그것이 널리 알려지는 날 전세계 사람들은 한국에 그처럼 精緻한 철학적 이론이 있었음에 새삼스러이 놀랄 것이다. 그 총명한 머리를 가진 한국 사람으로서 독자적인 사상이 없었을 리 없고 더구나 차후로 확립하지 않고는 못 견딜 일이다.

여기서 백 걸음 천 걸음 양보하여 우리의 불교 사상이나 유교 사상에는 독자성이 없었다고 가정하자. 그렇다면 한국에는 한국에서 생겨난 천도교라는 종교가 있지 않은가. 人乃天의 宗旨는 현대의 그 어느 민주주의보다도 철저하고 깊은 것이 아닐 수 없다. 한갖된 정치적인 민주주의가 아니라 보다 철저한 논리적·종교적인 민주주의를 제시하는 종교다. 현대 사상이 휴머니티를 자주 문제삼는다. 인간의 존엄성을 외친다. 그러나 천도교의 인내천 사상에서보다

더 어디서 인간의 존엄성을 高調하는 사상을 찾을 수 있을 것인가. 사람이 곧 하늘이라면 전통적인 기독교인은 깜짝 놀랄 일이다. 그보다 더 큰 죄악이 없기 때문이다. 그런 만큼 특색이 있다. 그러니까 西學 아닌 東學이었다. 論者는 말할는지 모른다. 천도교는 유·불·선 3교의 영향 밑에 이를 종합한 것뿐이라고. 좋다. 그러나 그 어느 사상치고 유래를 따지면 다른 사상의 영향을 받지 않은 것이라곤 절대로 없을 것이다. 가끔 독창적이라 하여 마치 하늘에서라도 떨어진 것같이 말하는 일도 없지 않으나 알고 보면 이미 어떤 由緒를 가지지 않은 것이라곤 없는 것이요, 캐서 따져 보면 이미 있었던 어떤 사상과 반드시 연관성을 가지고 있는 법이다. 불교나 유교 또는 기독교들 자체도 모두 그의 전신이라 할까, 오히려 간단하다 할 수 없는 유서들을 가지고 있는 것이요, 그 영향 밑에 서면서 거기에 새로운 면을 개척한 것들이라 함이 온당할 것이다. 천도교도 여러 사상의 영향 밑에 서면서 인내천이라는 면을 강조하여 한국 사람의 것으로 만든 것이다. 우리의 독자적인 사상이라 하여 부족함이 없을 것이다. 논자는 또 아직도 사상적으로 충분히 이론화하는 데까지 전개되지 못하였음을 탓할는지 모른다. 그러나 기독교에는 바울 외에도 아우구스티누스·토마스 아퀴나스 기타의 출현이 필요하였고 불교에는 阿難의 총명은 물론 龍樹 기타의 이론이 필요하였으며, 유교에는 子思·孟子 내려와서 漢儒·宋儒에 의한 전승 내지 철학화가 필요하지 않았던가. 천도교는 이후 수 세기를 내려가는 동안에 그와 같은 역사를 가지지 말란 법이 어디 있는가. 덮어놓고 한국에 독자적인 사상이 없다 함은 스스로를 헐뜯는 어리석은 所以밖에 안 될 것이다.

한국에는 실학사상과 더불어 서양의 과학이 처음으로 수입되었다. 과학은 오늘도 서양 것을 배우기에 바쁘다. 무엇보다도 시급히 배워야 할 것임은 사실이다. 그러나 우리 한국 사람에게 과학적 창의성이 본래 없었던 것이 아님은 나이어린 학생들도 잘 안다. 거북선이나 활자의 발명을 모를 어린이가 없겠기 때문이다. 정책이나 기타의 이유로 해서 이러한 면이 계승 발전되지 못하였다고 하여 우리 한국 사람에게 과학적 소질이 본래부터 없었다 함은 옳을 리 없다. 소질이 없는 바 아니요 사상이 고정 완결되어 있는 것도 아니다. 이것도 본래의 건설을 꾀하는 견지에서 새싹을 찾아내어 다시금 북돋우어 줌이 무엇보다도 필요할 것이다. 우리의 젊은이들이 그 소질에 있어서 그 능력에 있어서 무엇이 외국 사람에 비하여 손색이 있단 말인가. 널리 배우는 동시에 우리를 알고 우리를 찾자.

한국의 앞날이 그대들과 더불어 희망에 차 있듯이 한국의 사상은 머지않아 뚜렷한 의의를 나타내는 날이 오고야 말 것이다.

3

 독자 중에 나의 이 모든 논조가 그대로 미덥지 못하게 생각되는 분이 있다면 당신은 도대체 어느 나라 말로 말하며 살고 있는가, 나는 묻고 싶다. 이 글을 읽고 그에 대하여 의아한 생각이나마 가질 수 있다는 것이 우리의 말을 알고 우리의 글을 알며 그에 의하여 생각할 줄 아는 사람인 것이 틀림없다. 한국 사람은 한국말로 말하며 생각하며 살고 있는 것이다. 영어도 좋다. 불어·독어·중국어도 좋다. 알면 알수록 좋다. 그러나 그것은 사상을 소통하여 친선을 도모하며 또는 무엇을 배우기 위한 것이요 한국 사람이 영미 사람이 되며 프랑스·독일·중국 사람이 되어버리기 위한 것은 아니다. 될 수도 없는 노릇이다. 한국말로 말을 하며 생각하는 이상 우리는 한국말이 가지는 특색을 무시하고 말할 수도 생각할 수도 없다. 한국 사람의 사고방식은 우리 말의 구조가 이미 이를 제약하고 있다. 우리의 말이 일조일석에 인공적으로 부자연하게 만들어진 것이 아님과 같이 우리의 사고방식은 아득한 옛날부터 장구한 우리 역사를 통하여 세련된 나머지 독특한 형태를 갖추게 된 것이다. 한국 사람은 한국적 사고방식을 떠나서 있을 수 없고 그 독특한 사고방식은 우리의 말을 떠나서 생각할 수 없다. 한국말이 지구상에서 사라지지 않는 한 한국적인 사고방식은 거기에 엄연히 있는 것이요 따라서 한국 사상은 없을 수 없다. 한국 사상이라는 말에 대하여 무엇인지 석연치 못한 감을 그래도 가지는 사람에게 나는 한국말이 외국말과 같은가, 따라서 사고방식이 같은가를 묻고 싶다. 사고방식을 초월한 사상이 있다면 그것은 꿈에서나 가능할는지 모른다. 그러나 특별한 경우가 아니라면 우리는 꿈속의 잠꼬대도 우리의 말로 하지 않는가.

위에서 나는 우리의 생활을 떠나서 우리의 사상을 생각할 수 없다 하였거니와, 인간 생활의 기쁨과 슬픔, 한 걸음 나아가 이론적인 추리에 이르기까지 말을 매개로 표현되며 전하여질 뿐만 아니라 말을 통하여 더 깊어지고 진전도 된다. '말은 존재의 집'이라든가 '말 없이는 세계도 있을 수 없다'든가 하는 식의 현대 철학적 표현도 일리 있는 말이라 하겠다. 이 말에 의하여 사고하는 것이요 그 사고 방식의 특색이 다름아닌 사상의 특색을 형성하는 것이다. 사상을 그의 토대인 생활과 매개 연결시키는 몫을 하는 것이 곧 말이다. 그러므로 한국 사상을 연구하려면 한국말부터 연구하는 것이 가장 옳은 방법일 것도 같다. 어휘의 정리와 비교문법상 구조의 차이 등이 밝혀질수록 우리의 사상적 특색도 밝혀질 것이다. 우리 말의 특색을 알기 위하여서도 여러 외국어를 배워 비교 연구함은 둘도 없이 중요한 일이다. 나를 알기 위하여 남도 알아야 할 것이다. 또 외래어의 영향을 한국말이 받지 않았다거나 받아서 안 된다는 것도 아니다. 그러나 영어·불어·독어로 된 책을 아무리 독파하여도 그것만으로 우리의 한국 사상은 나오지 못할 것이다. 무의미하다는 것이 아니라 그것은 그대로 훌륭한 의의를 가졌고 또 불가결한 일이어서 널리 지식이나 자극의 섭취가 필요함은 인정하나 그것이 한국말을 통하여 소화되지 못하는 한 그것은 영미 사상 프랑스·독일 사상은 될지언정 우리 자신의 사상은 될 수 없다. 남이 아무리 좋다는 사상이라도 그것이 한낱 수입품에 그쳐 우리의 생활, 우리의 말로 소화 흡수되지 못한 채 그저 외양만 흉내 낼 때 어떻게 될 것인가. 아마도 어울리지 않는 몸짓을 하며 남의 장단에 춤을 추는 꼴이란 난센스라기보다도 정녕코 어이없는 일이 아닐 수 없다. 거기에 무슨 활로가 발견될 것이랴. 자기 나라 말을 존중하여 아낄 줄 알고 그것을 잘 살려 쓸 줄 아는 곳에 독특한 사상도 싹트며 빛을 발하게 됨을 우리는 외국의 사상사에서도 본다. 중세 이후 라틴어로써만 통하던 학술 용어를 재빨리 모국어로 고쳐 쓰는 先見의 明을 가졌던 나라가 근대 사상을 리드할 수 있었던 것이 아닌가. 영국이 그러하였고 독일·프랑스가 그러하였다. 이러한 용어에 관한 점에 있어서도 천도교는 그의 일부 경전에 있어서 우리에게 좋은 본을 보여 주었다. 나는 우리 국어학에 대해 문외한이다. 그러나 이것도 우리 한국 사상 연구에 있어서 가장 중요한 분야를 차지함이 마땅할 것 같아 여기에 언급하지 않을 수 없었던 것이다. 이상 나의 서론적인 구상으로서의 이 試論은 한국 사상 연구가 어떠한 태도로 그리고 어떠한 범위에 있어서 다루어질 것인가 하는 것을 대충 생각나는 대로 적어본 데 불과하다. 그 외에도 우리의 사상이 우리의 생활과 불가분리적인 관계를 가진 것이 사실인만큼 경제적인 조건 또는 법률, 정치적인 태도 등등을 포함한 일반 문화 전반에 걸친 연구가 또한 보조를 같이하여 병행하여야 할 것임은 물론이다.

그런 점 저런 점 등을 고려할수록 한국 사상의 연구는 단시일에 한두 사람의 노력으로 성과를 기대하기 곤란할 줄 안다. 분과별로 각기 전문가가 따라 담당한 부문에 있어서 우선 자료 수집과 정리로부터 꾸준한 노력이 요구되는 일인 줄 안다. 그 단계를 밟고 나서 비로소 종합적인 결론이 점차로 가능할 것이요 섣부른 독단적 臆測을 서둘지 않음이 진실된 태도일 것 같기도 하다. 여기에도 묵묵히 정진하는 선구자가 있어야 할 일이거니와 나는 그런 분들이 반드시 있다고 생각한다. 모든 시설과 편의가 구비된 좋은 시기의 도래를 기다리기만 한다면 과연 막연하기 끝이 없을 노릇이다. 다행히도 근래에 이르러 각 대학 또는 특설 기관들을 중심으로 이러한 점에 유의하여 연구의 기초를 세우려고 노력하는 현상이 보임은 진실로 同慶할 일이다. 그러나 한국 사상의 연구는 그와 아울러 뜻을 같이하는 청년 학구들의 발분과 협동적인 노고로써만 가치 있는 성과를 거둘 것이요, 그것이 동시에 우리의 새 세대의 앞길을 밝혀주는 등대의 몫을 다할 것이라고 믿는 바이다.

그리고 그때 비로소 한국 사상은 세계적인 것이 될 것이요, 오늘날 이 한국에 태어난 우리로서 세계 사상사에 공헌할 수 있는 길도 이 밖엔 없을 것 같다.

緒 論

= 難題와 意圖 =

 우리의 조상들은 무엇을 느끼고 생각하면서 살았던가? 어떻게 사는 것을 가장 보람있는 생활이라고 생각하였던가? 역사의 隆替는 무상하였건만 선인들이 파묻힌 이 강산의 모습은 지금도 여전할 것만 같다. 거기에 싹트고 면면히 전개되어온 인생관이나 세계관은 어떤 것이었던가? 4천 년의 문화사에 있어서 우선 그의 자취를 찾을 수 있으려니와 이것은 특히 사상사가 다루어야 할 과제다.

 넓은 의미에 있어서의 사상적 특징은 우리의 모든 문화 유산에 표현되어 있다고 볼 수 있다. 고고학을 비롯하여 미술사·문학사는 물론이거니와 민속학 나아가서는 경제사·법제사 등 문물 제도에 관한 역사 전부가 이에 관련하지 않는 것이 없다고 하여도 과언이 아니다. 그러한 모든 관련을 떠나서 사상만을 고립시켜 그의 특징과 변천을 논의한다는 것은 도저히 있을 수 없다. 모든 연구가 보조를 같이함으로써만 소기의 성과를 거둘 수 있으리라고 짐작된다. 그 중에서도 사상이란 대체로 추상적인 것인 만큼 다른 영역의 구체적인 자료가 먼저 수집 정리되어 어느 정도

체계적으로 천명되고 난 다음에 비로소 진상이 드러날 것도 같다. 더구나 고대 사상에 관하여서는 語源學的인 전문가의 定論이 확립도 되기 전에 섣부른 언어적 해석은 삼가하는 것이 진지한 학적인 태도일 것이다. 자기도 모르는 동안에 어떤 선입견에 사로잡혀 牽强附會로 그럴듯이 꾸며 맞춘 것이 후세의 웃음거리가 되지 않을는지 예측하기 힘든 일이다. 미개척 영역인 만큼 당대 사람들을 현혹시키기에 족할 수도 있겠지마는 학문은 진리가 밝혀질 때가 오고야 말 것이다. 그렇다고 언제까지나 遷延시켜서 좋을 리야 없지만 용이한 일이 아닌 것만은 틀림없다.

사상사가 이미 위에서 언급한 바와 같은 난점을 가졌음이 사실이라면 하물며 학적 이론의 전개를 추궁하여야 할 철학사를 써보려고 함은 거의 무모한 모험 같기도 하다. 시도적인 未定稿나마 얽어보고 싶은 염원만은 오래 전부터 간절하였으나, 이 역시 분에 넘친 욕심이 아닌가 매우 주저된다. 그런만큼 이 활자화될 일련의 글은 연구 발표물이라기보다도 나 자신이 알고 싶어서 헤매고 있는 과정 자체를 그려보려는 것이요 가능한 한 선인들 자신의 업적을 중심으로, 그 중에서도 이론적으로 높은 수준에 있어서 따졌다고 볼 수 있는 것만을 추려서 다루기로 한다. 철학적 견지에서 이것은 어디 내놓아도 아무런 손색이 없을 뿐만 아니라 오히려 알면 알수록 세계적인 수준에 도달한 것이라든가 적어도 창의적인 면을 간직하였다고 할 수 있는 것에 국한하여 보기로 한다.

따라서 나의 서술은 우리 철학사에 있어서 높은 봉우리로부터 높은 봉우리로 그의 빛난 雄姿를 우선 밝히도록 노력하게 될 것이다. 이것은 결과적으로 특수한 지식층의 수준 높은 사색의 자취를 주로 더듬게 될 것이다. 철학적인 이론도 시대적 요구를 이탈할 수 없으므로 일반 역사적인 정세와 무관하게 전개될 리는 없다. 민간 사상이나 신앙 또는 생활을 도외시한 채 학적인 이론만이 따로 자기의 길을 걷는 것도 아니다. 봉우리가 높은 것은 밑받침되는 넓은 산록을 연상케 한다. 그러나 철학사는 어디까지나 철학의 역사다. 일반 사상사에 비하여 보다 학적이며 이론적인 사상의 결정체를 철학적 견지에서 사적으로 다루어 보려고 하는 것이다.

일반적인 사상이 이론적으로 더구나 철학적으로 사색되며 나아가 문자 형태로써 발표되기까지에는 우선 사상 자체가 뚜렷하여져야 하지마는 首尾가 학적으로 들어맞아야 되기 때문에 시간이 요구됨이 사실이다. 철학을 '미네르바의 올빼미'라고 함도 일리 있음직한 말이다. 그러면서도 일정한 철학적 이론이나 학설이 시대적 요구에 부합되는 바 있기에 전파도 되고 또 후세에 남아서 우리가 문제삼게도 되는 것이라 하겠다. 여하간 철학적으로 문제될 만한 업적을 남긴 시대는 틀림없이 문화 전체의 수준이 높았던 때이다.

신라의 불교 문화가 찬란하였을 때 불교 철학적인 이론도 다방면으로 폭넓은 동시에 精緻 深奧한 탐구의 자취를 남겼다. 왕실의 보호 밑에 국가 최고의 지식인들이 佛法을 숭상하며 이론적으로 연구할 여유를 가질 수 있었기 때문이라 하겠다. 고려 시대도 마찬가지다. 왕자들로 하여금 出家求道케 하였다는 것이 벌써 佛法에 귀의한 사람들의 성분을 짐작케 하는 것이요, 대장경 간행이라는 대사업이 호국적인 의의도 있었겠지만 일면 불교 자체로서의 이론적 연구의 요구도 없지 않았을 것이다. 조선시대에 이르면 국가의 문화 정책을 유교에 定位하였기 때문에 왕실을 비롯하여 지식인들이 孔孟之道를 전수하였고 불법에 귀의한 사람은 특수한 예를 제외하고는 대개가 지난날에 비하여 지적 수준이 저하되었을 것이 짐작된다. 不立文子를 위주하는 禪이 명맥을 이어왔을 뿐이요 이론적·학적인 면은 소홀시되기도 하였거니와 사실상 이론적인 추궁을 감당할 만한 지식인이 적었으리라고 생각된다. 오히려 그러한 인재들은 유학으로 몰려들어 조선시대에 있어서 철학적인 이론은 유학을 중심으로 전개되었다. 朋黨과 士禍는 유학자들의 기를 꺾은 면도 없지 않으나 그 때문에 처음부터 출세를 의욕하지 않는 소위 山林學派의 純學究的인 태도가 생겨나 오히려 철학적 사색이 깊어질 수도 있었다고 하겠다. 벼슬을 하다가도 자주 그 자리를 물러나 시골서 고요한 研鑽과 사색의 시간을 가질 수 있었던 것이 철학 자체의 업적으로 볼 때에는 의의가 컸었다고 하여 무방할 것이다. 귀양살이를 하였기 때문에 생각이 심각 철저하게 되었다든가 또는 저술에 전념할 수 있었음직도 한 일이다. 정치적으로 불우한 처지에 있었다고 할 수 있는 實學派의 사상도 이러한 역경에서 대두한 것이라고 보아 좋을 것이다. 반도 안에 있어서의 유학의 연원은 적어도 漢四郡 시대까지 소급할 수 있을 것이요 樂浪人 王景은 少時에 벌써 易學에 정통하였던 것이 後漢書 王景傳에 나타나 있다. 낙랑과 고구려의 관계는 역사적으로 밀접하였던 만큼 보통 전하듯이 소수림왕 2년에 國學이 설립되었다는 것은 그보다 훨씬 이전에 이미 유학이 수입되어 있었다고 보아 무방할 것이다. 그에 관한 다른 문헌이나 유물로서 참고할 만한 자료가 없음이 한이다. 주로 朱子學을 중심으로 이조의 유학 사상을 논하게 됨도 부득이한 일이다.

도덕 사상은 우리 본래의 민속 사상과도 가까웠다고나 할까, 일찍부터 섭취 융화되어온 듯도 하나 철학적인 이론으로 발전하는 데까지는 별로 이르지 못한 듯하고 오히려 脫俗的인 神仙道로서 이론적인 수준이 저하되었을 때마다 신비적인 요구와 결부되어 전면에 나타나곤 한 것으로 생각된다.

철학적인 이론이 국가의 형세가 안정되어 융성할 때마다 높은 수준의 업적들을 남겼다고 한다면 저속한 유사 종교나 예언적인 신비를 즐기는 경향은 정치적으로 국가가 쇠약하여진 경우, 따라서 획기적인 하나의 변혁 전환이 요구되는 시대들이다. 신라 말엽의 동란기를 통하여 건전한 이론보다도 미륵 신앙이 민중을 좌우하였던 것 같고, 그리하여 궁예가 이러한 일반 추세를 정치적으로 이용하려고 자칭 미륵불로서 행세하였던 것이라고 짐작된다. 고려 초기로부터 성행된 圖讖 사상도 純正한 이론이라기보다도 道詵 같은 승려의 풍수설에 나타난 신비스러운 예언에 더욱 현혹된 것이라고 하겠다. 고려 말엽의 타락된 불법에서 이론을 찾을 수 없음은 너무나 당연하거니와 安珦이 무녀를 처벌하였다는 예로써 보더라도 일반 민중이 미신적인 신비 속에서 헤매고 있었음이 추측된다. 조선시대 초기의 無學이 王都 선정에 있어서 참여하였다는 것도 고려 초의 道詵의 태도가 연상되지 않는 것도 아니다. 鄭鑑錄은 어느 시대에 생겨난 것이라고 단정하기 힘든 것이나 보통 말하듯 임진란 때가 아닐까 하는 것도 일리 있는 생각이라 하겠다. 세태가 자못 혼란할 때마다 정상적인 이론을 돌볼 사이도 없이 오히려 이를 무시하고 신비적인 힘에 의거하려는 요구가 강하여지는 법이다. 조선시대 말엽에 이르러 국세가 기울어지기 시작하여 백성이 도탄 속에 신음하자 철학적인 이론보다도 요행을 암시하는 예언이 관심을 이끌었던 것이요, 이것이 일제 시대를 지나 오늘에 이르기까지 그치지 않고 있다. 신라 말엽의 미륵불이 金山寺의 본존과 관련되어 문제되고 있는가 하면 서양의 末世 사상과 결부하여 새로운 구세주의 再臨이 문제되기도 한다. 이 모든 현상은 철학적 이론을 제대로 전개할 만큼 마음의 여유를 가지지 못한 시대의 증좌인 줄 안다. 그러나 국가가 제대로 안정되어 기초가 확립되고 그의 갈 길이 뚜렷하여지는 때 다시금 철학의 이론적 요구가 대두하는 법이요, 올바른 진로를 제시하기 위하여 하루속히 그 지성을 일깨워 虛誕한 것을 물리치고 착실한 걸음걸이로 인생을 살아가야 한다는 것을 알게 하여야 될 것이다. 옛날의 전제 봉건 시대와도 달라 민주 시대요, 더구나 고도의 과학이 발달한 오늘에 있어서는 사상이라고 하여 막연한 독선적인 신비 속에 도취할 수 없는 것이다. 인간으로서의 힘이 자라는 데까지 이론을 학적으로 따지는 면이 강조되어야 할 줄 안다.

우리의 선인들을 분명히 명석한 두뇌로써 훌륭한 이론을 전개시켰다. 우리들에게는 그들의 피가 흐르고 있다. 현대의 우리라고 선인들보다 못하기만 하여야 될 리도 없다. 서양 학문을 수입한 지 日淺하다든가, 아직도 배우고 있는 중이라고 하여 궁극의 같은 세계 수준의 이론이 나오기까지는 시기상조라 할는지 모르나, 반드시 그런 것도 아니다. 우리 선인들의 놀라운 업적들도 그 당시로는 수입 과정에 있어서 이미 그들을 능가하는 점이 있었던 것이다. 전통만을 탓할 것도 없다. 없는 전통에서 새로운 전통을 만들려고 그네들도 악전고투하였던 것이다. 요는 오늘 이

땅에서 살고 있는 우리들의 태도와 정진 여하에 달렸다.
그러면 우리 선인들의 그 높은 수준의 철학적 이론이 과연
어떤 것이었던가를 알아보기로 하자.

I 高句麗 僧朗의 認識方法論과 本體論

한인의 철학적 사색 능력은 먼저 불교 사상의 획기적
전개로부터 발휘되기 시작하였다

1 三論宗의 선구

僧朗은 고구려 遼東城 사람이다. 일찍이 중국에 가서 羅什(나습) 계통의 三論 사상을 연구하였다. 齊末建武年間(서기 494-497)에 강남으로 내려가 鐘山 草堂寺에 머물렀다. 그 당시 하북에서는 有를 밝히는 毗曇(비담)이 偏行하였다. 毗曇은 無我의 경지는 체득하나 法有性에 집착하여 假有에 미혹되고 있었다. 또 江南에서는 成實論이 성행하였다. 成實은 我와 法의 二空을 具辨하나 밝힘이 미진하여 空을 說할 뿐, 不空을 설하지 못하였다. 毗曇은 有에 집착하고 성실은 空에 집착하여 서로 배척하였던 만큼 道를 막고 邪見만 늘어 모두 불교의 참된 뜻을 잃고 있었다. 그러므로 僧朗이 江南에 이르자 성실론자들과 토론을 거듭하게 된 바 僧朗의 날카로운 비판을 감히 당해내는 사람이 없었다. 그리하여 僧朗의 三論 사상이 널리 강남에 퍼지게 되었다.

三論 사상은 羅什 이래 相承하여왔음은 사실이다. 그러나 연대가 오래됨을 따라 文疏가 零落하여 중국은 齊朝 이래 玄綱이 거의 끊어졌던 것이다. 僧朗이 종산 초당사에 머무르고 있을 때 마침 周顒(주옹)이라는 隱士가 있어서 僧朗으로부터 三論의 근본 사상을 배웠다. 僧朗은 본래 박

학하고 사색력이 該普하여 어느 經律에나 능통하였으나 특히 華嚴과 三論에 조예가 깊었다. 그러나 천성이 발표하기를 좋아하지 않고 오히려 行禪을 겸하여 隱居修德하기를 즐겼다. 그런 만큼 저술을 남긴 일도 없다. 그러한 영향 때문인지 僧朗에게 수학한 주옹도 처음에는 저술을 꺼렸다. 후에 智琳法師의 권유에 의하여 비로소 《三宗論》이라는 저술을 내게 된 바 이것이 僧朗의 三論 사상을 전한 것임은 말할 것도 없다.

僧朗은 그 후 梁武初(양무초)에 攝山 棲霞寺로 갔다. 梁武帝는 원래 三寶를 敬信하여 마지않는 터이었고 역시 南方의 성실론을 배운 것이었으나 僧朗이 攝山에 와 있다는 소식을 듣고 深見器重하여 勅令으로써 士觀寺 僧銓(승전) 등 10명의 승려를 섭산으로 보내어 삼론을 배우게 하였다. 이 10명 중에서 9명은 수학을 게을리하였고 오직 僧銓이 학을 성취하여 다시 그 문하에서 法朗을 비롯하여 4인의 名僧들을 내어 강남에 僧朗의 三論 사상이 떨치게 된 것이다. 이 法朗의 法系를 계승한 것이 중국에 있어서 三論宗을 대성한 吉藏 嘉祥大師인 것이다.

梁武帝는 드디어 성실론을 숭상하던 것을 버리고 僧朗의 사상에 의거하여 大乘의 견지에서 새로이 章疏를 짓게 하였다. 위에서도 본 바와 같이 僧朗이 비판을 당해낼 사람이 없었을 만큼 중국의 南北土를 통하여 뚜렷한 존재이었음이 짐작되거니와 급기야 양무제의 신앙 방향까지 전환

시킨 僧朗이었음이 틀림없다.

攝山 棲霞寺에는 法度라는 고승이 있었다. 苦節로서 이름이 높았었다. 僧朗은 그의 제자로서 先師를 繼踵하여 山寺를 復綱한 것으로 되어 있다. 法度는 일찍이 北土에 유학하여 衆經에도 능통하였으나 평소에 願生安養하여 無量壽經을 여러 차례 遍講하였다고 한다. 그렇다면 僧朗은 법도로부터 攝山의 法系는 계승하였을망정 三論 사상 자체를 傳受하였다고는 보기 곤란할 것이다. 법도는 齊永元 2년에 攝山에서 入寂한 것으로 되어 있다. 그것이 바로 서기 5백년에 해당하므로 6세기에 들어서면서 攝山의 宗風이 僧朗의 三論宗으로 확립된 것이라고 하겠다. 그러므로 攝山의 宗風은 僧朗의 사상에 의하여 대표되는 것이요 따라서 僧朗을 攝山大師, 攝嶺大師, 그저 攝山 또는 攝嶺이라고도 하는 것이다.

吉藏 嘉祥大師는 이 攝嶺의 嫡系로서 언제나 그의 사상의 근거를 밝힐 때에는 攝嶺 相承의 전통적인 僧朗의 설을 인용하곤 하였다. 僧朗이 北土에서 일찍이 三論 사상을 배운 것은 사실이겠으나 그것은 中論, 十二門論, 百論 기타에 관한 해석 정도였을 것이요 전체를 일관하는 근본 사상을 천명하여 뚜렷한 三論宗의 기초를 확립한 것은 僧朗 자신의 강인한 사색력에 의한 것임이 틀림없다. 三論宗 중흥의 祖라고도 하거니와 三論宗이 吉藏에 이르러 대성한 것이라면 僧朗은 그 三論宗의 선구라고 함이 타당할 것이다.

2 認識方法論 [二諦合明中道說]

  진리를 드러내는 방법, 또는 파악하는 방법을 인식 방법이라 할 수 있다면 僧朗의 독특한 인식 방법은 二諦合明中道라는 방법이라 하겠다. 中道는 불교의 궁극적인 진리를 의미하는 것이요 이 中道를 밝히는 방법으로 二諦를 合論하는 방법을 쓴다는 것이다. 二諦라 함은 물론 世諦(俗諦, 有諦, 凡諦)와 眞諦(진체)(第一義諦, 空諦, 聖諦)의 둘을 의미한다. 諸佛은 항상 二諦에 의하여 설법하였다. 그러므로 모든 經은 이 二諦를 벗어나는 것이 아니다. 그러기에 二諦를 밝히면 모든 經을 해득하게 된다. 三論宗은 中論이 二諦로써 宗을 삼는다 하여 만일 이 二諦을 해득하면 中論의 眞義를 밝힐 수 있다고 한다. 따라서 만일 二諦를 해득하지 못하면 中道를 행할 수 없으며 佛性을 볼 수 없다고 한다. 僧朗은 二諦가 中道를 표시하는 *妙敎*라고 하였다.

> 攝山師云, 二諦者, 乃是表中道之妙敎, 窮文言之極說也, 道明有無, 有無不乘其道理, 雖絶要二, 因二以得理, 是以開眞俗門, 說二諦法, 以化衆生(大乘三論略章 摘錄吉藏法師導議之要)
>
> 攝嶺興皇己來, 竝明二諦是敎, 所以山中師手本二諦疏云, 二諦者, 乃是表中道之妙敎, 窮文言之極說, 道非有無, 寄有無以顯道, 理非一二, 因一二以明理, 故知二諦是敎也(吉藏撰 二諦章 권상)

山中師란 僧銓인 바 따라서 手本二諦疏라고 함은 그의 스승 僧朗의 설을 手錄하였던 것임이 짐작된다. 본래 道는 有도, 無도 아니나 유무에 의하여 도를 나타내는 것이요, 理는 一도, 二도 아니나 一과 二에 의하여 理가 밝혀지는 것이므로 二諦가 곧 敎임을 알 수 있다는 것이다. 二諦가 진리를 밝히기 위하여 즉 인식 방법으로서 있는 것임을 알 수 있다.

그러므로 二諦는 인식 방법으로 논의된 敎門인 것이요, 즉 眞俗二諦로써 理를 통하게 되는 것이다. 二諦 자체가 그대로 境이나 理가 아니라 하여, 二諦를 祛惑之勝境이라고 한 莊嚴寺 法雲, 또는 二諦를 一眞不二之極理라고 한 開善寺 知藏 등의 논을 배격하고 二諦를 相待之假稱이라고까지 吉藏은 그의 大乘玄論虛頭에서 말하고 있다.

그러면 二諦合明中道란 무엇인가? 이것은 표현 방식, 즉 吉藏의 이른바 方言을 따라서도 여러 종류로 설명되고 있으나 여기서는 인식의 深淺을 따라 원리적으로 구분하였다고 할 三種二諦에 관련시켜 알아보기로 한다.

여기서 三種二諦라고 함은,

第一(初重) { 世諦—說有
眞諦—說無

第二(兩重) { 世諦—說有說無의 二를 立한 것
眞諦—非有非無의 不二를 說하는 것

第三(三重) { 世諦―有無의 二와 非有無의 不二를 說하는 것
眞諦―非二 非不二를 說하는 것

山門相承興皇, 祖述明三種二諦, 第一明說有爲世諦, 說無爲眞諦, 第二明說有說無二立世諦, 說非有非無不二眞諦, …第三節第二諦義, 此二諦者, 有無二非有無不二, 說二說不二爲世諦, 說非二非不二爲眞諦, 以諦有此三種, 是故說法必依二諦(二諦章 권상)

攝嶺山相承, 略明三種二諦, 一者單明二諦, 但空有爲俗諦, 有空爲眞諦, 二者複明二諦, 空有有空, 應稱爲俗諦, 非空非有, 乃名眞諦, 三者重複明二諦, 空有爲二, 非空非有名爲不二, 二與不二應爲俗諦, 非二非不二, 方是眞諦(大乘三論 약장)

三種二諦를 요약하면 제일은 有를 世諦로 하고 無를 眞諦로 하는 것, 제이는 二를 世諦로 하고 不二를 眞諦로 하는 것, 제삼은 二와 不二를 世諦로 하고 非二 非不二를 眞諦로 하는 것이다. 제일은 有에 집착하고 있는 凡夫의 有見을 破하기 위하여 無를 眞諦로 하는 것이요, 제이는 諸法空이라고 하는 二乘人의 滯空의 병을 破하기 위하여 不二를 眞諦로 하는 것이다. 제삼은 다시 이 不二의 입장, 즉 이른바 有得菩薩의 입장을 破하기 위한 것이다. 有得菩薩은 無所得 아닌 有所得으로 자처하여 생각하기를 '凡夫는 有를 보고 二乘은 空에 집착한다. 즉 범부는 生死에 빠지고 二乘은 涅槃에 사로잡힌다. 그러나 나는 諸法이 有도 아니요 無도 아니며 생사도 아니요 涅槃도 아님을 알고 있

다.'고 하여 有無의 二와 非有無의 不二를 밝힌다. 不二라고는 하나 아직도 有無에 구애되어 有無 속에 住하는 바 有得의 경지다. 제삼은 有無의 二도 非有非無의 不二도 같이 일괄하여 世諦로 하고 그에 대하여 二도 아니요 不二도 아닌 것을 第一義諦로 하는 것이다. 이것이 僧朗 이래 山門相承의 二諦合明中道의 요령이다.

> (初重) 正爲破凡夫有見, 故說有爲俗, 空爲眞諦也, 第二重, 爲破二乘人, 二乘謂諸法空, 沈空見坑, 若爾凡夫著有, 二乘滯空, 此之空有立是世諦, 若非空非有非凡非聖, 乃是第一義, 故經云, 非凡夫行, 非聖人行, 是菩薩行, 亦非有行, 非空行, 是菩薩行, 爲是故明第二重二諦也, 第三重, 爲破有得菩薩, 有得菩薩云, 凡夫見有, 二乘著空, 凡夫沈生死, 二乘著涅槃, 我解諸法非有非無, 非生死非涅槃, 爲是故明有無二, 非有無不二, 生死涅槃二, 非非生死非涅槃不二, 並是世諦, 若非眞俗非生死涅槃, 非非眞俗非非生死涅槃, 乃是第一義諦也(二諦章 권상)

다음으로 무엇 때문에 二諦를 合明하는 것인가? 물론 궁극적인 中道를 밝히기 위하여서다. 俗諦만을 밝히고 眞諦를 밝히지 못한다면 有一邊으로 偏墮하게 마련이요 그와는 반대로 眞諦만을 밝히고 俗諦를 밝히지 못하면 空一邊으로 偏墮하게 마련이다. 二諦를 合明함은 이 有와 空의 兩邊을 떠나 어느 쪽에도 치우치지 않는 것이므로 中道라고 하는 것이다. 僧朗이 周顒에게 전수한 것이 바로 이 合明二諦의 사상인 것이요 주옹이 그에 입각하여 三宗論을 저술한 것이다.

> 何故復合明二諦中道耶, 答但明俗諦不明眞諦, 卽偏墮有邊, 但明眞諦不明俗諦, 卽偏墮空邊, 今合明二諦, 離此二邊, 故名中道, 大朗法師敎周顒二諦, 其人著三宗論云, 佛所以立二諦者, 以諸法具空有二, 所以不偏, 故名中道(吉藏撰 中觀論疏 제2본)

有를 설함은 不有를 나타내기 위함이요 無를 설함은 不無를 나타내기 위함이다. 또 二를 설함은 不二를 알게 하려는 것이요 손가락으로 가리킴은 달(月)을 보게 하려는 것이다. 그러나 중생은 有를 들으면 有에 住하고 無를 들으면 無에 住한다. 손가락만 지켜 달을 잊어버리고 敎에 住하여 理를 놓치고 있다. 僧朗은 對緣斥病하여 이러한 二見의 뿌리를 빼어 有無의 兩執을 버리게 하려고 하였다. 그러므로 有無를 설하되 능히 不二의 理에 통하였다. 有無가 究竟이 아니요 따라서 有無中에 住하지 않고 有無를 敎라고 한 것이다.

> 攝嶺大師, 對緣斥病, 欲拔二見之根, 令捨有無兩執, 故說有無, 能通不二理, 有無非是畢竟, 不應住有無中, 有無爲敎(吉藏撰 大乘玄論 권1)

有나 無가 모두 假名인지라 假名으로 有를 설함이 世諦인 것이요 假名으로 空을 설함이 眞諦인 것이다. 이미 假有라 하므로 有爲의 有가 아니요 이미 假空이라 하므로 空

爲의 空이 아니다. 有爲의 有가 아닌 것은 空과 다른 有가 아니요 空爲의 空이 아닌 것은 有와 다른 空이 아니다. 空과 다른 有가 아닌지라 有를 空有라 하는 것이요 有와 다른 空이 아닌지라 空을 有空이라 하는 것이다. 有를 空有라 하므로 空有가 곧 有空이요 空을 有空이라 하므로 有空이 곧 空有인 것이다. 이것이 다름아닌 有無相卽義라는 것이니 僧朗이 周顒에게 전수한 三宗論의 기본 사상이다.

　　大師舊云, 假名說有, 假名說空, 假名說有爲世諦, 假名說空爲眞諦, 旣名假有, 卽非有爲有, 旣名假空, 卽非空爲空, 非有爲有, 非異空之有, 非空爲空, 非異有之空, 非異空之有, 有名空有, 非異有爲之空, 空名有空, 有名空有, 故空有卽有空, 空名有空, 故有空卽空有也, 師釋相卽義, 方言如此(二諦章 권하)

周顒의 三宗論이란 것은 一 不空假名宗, 二 空假名宗, 그리고 三 假名空宗의 三宗을 논한 것이요, 제삼의 假名空이 곧 周顒 자신의 입장이다. 모든 有는 假名이므로 완연히 다름아닌 空이라는 것이니 雖有而無요 雖無而有라 雖有而無가 이른바 '非有요 雖無而有가 이른바 非無다.' 이와 같이 하여 無物은 아니나 物은 眞物이 아니다. 物이 眞物이 아니라면 假物일 수밖에 없고 假物이므로 다름아닌 空이라는 것이다. 이 假名空의 사상은 본래 僧肇의 不眞空論으로부터 原由한 것인 바 僧朗이 關內에서 이 奧義를 얻어 江南의 종산 초당사에 머물렀을 때 周顒에게 전수한 것이요 周顒이 그에 의하여 三宗論을 저술한 것이라고 한다.

> 第三, 假名空者, 卽周氏所用, 大意云, 假名宛然卽是空也, 尋周氏假名空, 原出僧肇不眞空論, 論云雖有而無, 雖無而有, 雖有而無所謂非有, 離無而有所謂非無, 如此卽非無物也, 物是眞物也, 物非眞物, 於何而物, 肇公云, 以物非眞物故是假物, 假物故卽是空, 大朗法師關內得此義, 授周氏, 周氏因著三宗論也…周氏假名空, 肇公不眞空, 其原猶一, 但方言爲異, 斯可用之(中觀論疏 권제2 말)

二諦를 相待之假稱이라고 한 까닭이 여기에 있다고 하겠거니와, 僧朗은 이것을 다시 緣과 觀으로 논하기도 하였다. 凡夫二乘有所得의 諸緣은 大乘의 正觀 속에 사라진다. 旣生의 諸緣이 正觀에 의하여 不生하는 고로 緣盡於觀이라고 한다. 그러나 緣이 이미 사라지면 正觀도 便息하게 되는 것이므로 觀盡於緣이라고 한다. 이렇게 하여 非緣非觀, 무엇이라고 좋은 이름을 붙여야 할지 모르겠으나 억지로 中이라고 이름하여, 억지로 觀이라고 부른다고 하였다.

> 攝嶺大師云, 緣盡於觀, 觀盡於緣, 緣盡於觀者, 凡夫二乘有所得, 大乘此諸緣盡於正觀之內, 以正觀旣生如此之緣卽不生, 故云緣盡於觀, 在緣旣盡, 正觀便息, 故名觀盡於緣, 非緣非觀, 不知何以美之, 强名爲中, 强稱爲觀(中觀論疏 권제3 말)

僧朗은 二諦爲敎의 三論宗旨를 확립함으로써 二諦合名 中道의 인식 방법론을 새로이 제기하였다. 소위 正反合의

三肢的인 서양의 변증법적 인식 이론에서 한 걸음 더 깊이 들어가 正反(世諦二)과 合(不二)을 통틀어 다시 하나의 世諦로 보고 그것조차 넘어선 非二 非不二를 眞諦로 하여 거기서 궁극적인 不二의 中道를 밝히려는 것이라고 하겠다.

3 本體論〔二諦中道爲體說〕

 중생은 본래 因緣是生是滅 有無에 집착하여 中을 모른다. 理는 有一邊에도 無一邊에도 偏墮한 것이 아니므로 不二의 中이라 하는 것이요 이 中이야말로 三世十方諸佛菩薩所行之道, 즉 中道인 것이다. 眞俗二諦는 이 不二中道의 理를 밝히기 위한 것이요 따라서 不二中道를 二諦의 體라고 하는 것이 攝嶺相承의 기본사상이다.

 諸法實相은 言忘慮絶하여 일찍이 眞俗의 어느 것도 아니므로 이름하여 體라고 하는 것이나 二諦의 體도 吉藏에 의하면 五家가 있다고 한다. 제일은 有를 體로 하고 空을 用으로 하는 것이니 折有入空하는 것이라 인식론적으로 有가 本이요 空이 末이라는 것이다. 제이는 空을 體로 하고 有를 用으로 하는 것이니 世間法이 모두 空으로부터 生하는 것이므로 존재론적으로 空이 本이요 有가 末이라는 것이다. 제삼은 二諦가 각기 體를 달리한다는 것이니 世諦假有를 世諦體로 하고 空無有相을 眞諦體로 하는 것이다. 제사는 二諦가 비록 一體이긴 하나 有로써 約하면 俗諦가 되고 空으로써 約하면 眞諦가 된다는 입장이다. 제오는 僧朗의 中道로써 體로 하는 것인 바 不二而二이므로 二諦의 理가 밝혀지고 二而不二이므로 中道의 義가 선다고 한다.(大

乘玄論 권1 삼조) 龍光寺 僧綽(승작)은 二諦異體를 주장한 것인 만큼 中道를 밝히지 못한 것이요 開善寺 知藏은 中道로써 二諦體로 하고 있으나 二諦合明의 中道가 아니라 결국은 眞諦로써 體로 하고 말았다. 이것은 開善이 비록 攝山으로 몸소 僧朗을 찾아 배운 것은 아니나 또한 僧朗의 사상을 들은 바는 있었으므로 中道로써 二諦體로 하기는 하였다. 그러나 직접 音旨를 親承한 것이 아니므로 作義乖僻하여 眞諦로써 體로 하게 된 것이라고 한다.

開善爾時, 雖不入山, 亦聞此義, 故用中道爲二諦體, 旣不親承音旨, 故作義乖僻, 還以眞諦爲體也(二諦章 권하)

혹자는 不生不滅 不斷不常이라는 말만 들으면 문득 眞諦라고 하며 理에는 차별이 없다고 하는 만큼 開善도 眞諦를 不二의 中道로 잘못 알았던 것이다.

惑者, 旣聞不生不滅不斷不常, 便爲眞諦, 理無差別, 故名爲一, 卽開善用之(中觀論疏 권제2본)

僧朗이 中道로써 二諦體로 한다는 것은 非眞非俗을 二諦體로 한다는 것이요 따라서 眞俗을 用으로 하는 것인 바이 眞俗은 또한 理敎라고도 하며 또한 中假라고도 한다. 그러나 僧朗의 二諦合明中道에 있어서 中假는 거듭하여 中假가 되고 理敎는 거듭하여 理敎가 되며 뿐만 아니라 體用

도 거듭하여 體用이 되는 것이므로 결국은 不二를 體로 하고 二를 用으로 하는 것이다.

> 今明卽以非眞非俗, 爲二諦體, 眞俗爲用, 亦名理敎, 亦名中假, 中假重名中假, 理敎重爲理敎, 亦體用重爲體用, 故不二爲體, 二爲用(二諦章 권하)

體는 본래 名言을 絶한 것이므로 어떤 물건에 의하여 깨칠 수 있는 것이 못 된다. 비록 有無는 아니나 억지로 眞俗을 가지고 설하는 것이요, 그리하여 이 眞俗을 用이라고 하는 것이다. 假名이나 敎를 위한 用이라고 보아 무방할 것이다.

僧朗의 攝嶺相承의 이론이 他家와 다른 점을 吉藏은 다음의 10조로써 밝혔다. 즉 제일은 理敎異니 他家는 二諦를 理라고 보는 것이나 山門은 二가 敎요 不二가 理임을 밝힌다. 他家는 理만 있고 敎가 없으나 山門은 有理有敎임을 밝힌다. 제이는 相無相異니 他家는 有無에 住하는고로 有相이나 山門은 有는 不有를 表하고 無는 不無를 表하여 有無에 不住하는고로 無相이라고 한다. 제삼은 得無得異니 他家는 有無에 住하는고로 有得이라고 하나 山門은 有無에 不住하는고로 無得이라고 한다. 제사는 理內外異니 他家는 有無에 住하는고로 理外라 하고 山門은 有無에 不住하므로 理內라고 한다. 제오는 開覆異니 他家에서 有는 有에 住하고 無는 無에 住하여 如來의 因緣有無를 덮어버리는 것이나 山門에 있어서 有는 不有를 表하고 無는 不無를 表하는 것이므로 如來의 敎를 열어 壅滯(옹체)함이 없다. 제육은 半滿異니 他家는 二만 있고 不二가 없으므로 敎만 있고 理가 없게 되어 半이라 하겠으나 山門은 理敎를 具足한 만큼 滿이라 할 수 있다. 제칠은 愚智異니 愚者는 明無明을 二라고 하나 智者는 無二를 了達한다. 眞俗을 二라 함은 愚요 不二라 함은 智이므로 不二가 理요 二가 敎임을 알 수 있다. 제팔은 體用異니 他家는 有用無體나 山門은 體用을 具有하고 있다. 제구는 本末異니 不二는 本이요 二는 末이다. 他家는 末이 있을 뿐이요 本이 없으나 山門은 本末을 具有하고 있다. 제십은 了不了異니 他家는 有無에 住하는 고로 不了라 하는 것이나 山門은 有를 說하여 不有를 나타내고자 하며 無를 說하여 不無를 나타내고자 하는 것이요 有無는 不有不無를 나타내는 것이므로 了義라고 하는 것이다.(大乘玄論 권제1 및 二諦章 권상 참조)

續高僧傳 제칠 法朗傳에 의하면 攝山朗公은 解玄測微하여 世所嘉尙이라고 하였으며 다시 僧朗의 제자인 止觀寺 僧詮法師에 언급하여 初에 攝山僧詮이 受業朗公할새 玄旨所明이 惟存中觀이라고 하였다. 그러나 여기서 中觀이라 함은 위에서도 본 바와 같이 緣盡於觀하고 在緣旣盡에 正觀도 便息故로 名觀盡於緣하는 觀이요 非緣非觀이라 不知何以美之일새 强名爲中하며 强稱爲觀의 觀인 것이다. 諸法實相은 非中非不中이라 중생을 위하여 中을 설하나 오히려

不中을 나타내기 위한 것이라고 하겠다. 離偏曰中이나 偏病이 旣除면 中亦不立하는 것이요 非中非偏이로되 부득이하여 中이라고 하는 것인 만큼 絶對中이라고도 한다. 有無의 兩邊을 遠離하는 것이로되 中道에도 不著하는 것, 결국은 無住라고 하는 수밖에 없을 것이다. 따라서 僧朗의 본체론은 無住로써 體中을 삼은 것이요 이것이 그의 二諦合明의 合門인 것이다. 그리고 體中에 있어서 兩用을 열어 眞俗이라 함은 用中을 말하는 것이니 이것을 開門이라고 할 수 있을 것이다. 二諦와 中道는 곧 用과 體인 것이요 僧朗의 사색은 自在한 開合으로 본체론의 奧義를 천명한 것임이 틀림없다. 僧朗이 韓人의 철학적 사색 능력을 발휘한 것이라고 하는 所以다.

「부기」

僧朗의 전기에 관계된 참고 자료의 원문 인용도 일일이 摘記할까 하였으나 철학적인 사상에 중점을 두어 여기서는 생략하기로 하였다. 전기에 관하여서는 동국대학교 金芿石 교수의 진지한 논문 〈고구려 僧朗과 三論學〉(自性郁 박사 頌壽기념 불교학논문집)을 참고하기 바란다. 김 교수의 該論文은 특히 방언에 의한 三種二諦中道를 알뜰하게 밝히고 있으며 그 외에도 여러 점에 있어서 좋은 시사를 던져 준다.

II 圓測의 唯識哲學

중국의 불교계를 빛낸 한국 사람의 철학적 두뇌

1 圓測의 學的 위치

불교의 大乘哲學은 中觀 철학과 唯識 철학의 둘이라고 할 수 있다. 中觀哲學의 심오한 체계적 전개로써 중국 三論宗의 선구자가 된 僧朗에 관하여서는 위에서 이미 다루었다. 그에 대하여 여기서 알아보려는 圓測은 바로 精緻한 의식분석으로써 중국의 唯識哲學에 있어서 대표적인 사상가들과 어깨를 겨루어 오히려 탁월한 우위를 점하였던 것이다. 한국의 불교 철학 전개 초기에 있어서의 中觀哲學의 僧朗과 唯識哲學의 원측은 우렁차게 솟아오른 두 봉우리가 아닐 수 없다.

원측은 신라의 왕손이다. 본명은 文雅요 원측은 그의 字다. 후에 唐京 西明寺에 머물러 있었다고 하여 西明이라고도 한다. 眞平王 35년(서기 613)에 원효보다 4년 먼저 탄생하였다. 三歲 襁褓의 몸으로써 출가하여 15세 때에는 벌써 중국으로 건너가 수업하게 되었는데 처음에는 法常과 僧辨의 강론을 들었다. 어려서부터 명민한 자질에 天聰이 警越하여 비록 수천만 언이라도 한번 들으면 잊어버림이 없었고 慧解가 縱橫하여 毗曇·成實·俱舍·婆娑 등 論과 고금의 章疏를 읽되 通曉하지 못함이 없었던 만큼 명성이 높았다. 더욱이 어학을 잘하여 중국어는 물론이거니와 범어・티벳어 등 6개 국어에 능통하였다.

중국의 唯識哲學은 주로 法相宗, 즉 慈恩宗에 의하여 연구 전개되었고 그의 창시자는 玄奘이다. 이 玄奘은 일찍이 인도로 가서 那爛陀寺에 머무르며 唯識의 十大論師中의 한 사람인 護法의 學統을 계승한 戒賢에게 배웠다. 여러 經論 등에 관하여 지도를 받은 중에서도 唯識哲學과 가장 관계가 깊은 瑜伽論은 전후 3회나 수강하였다. 그리고 중국으로 돌아온 것이 바로 貞觀 19년(서기 645)이요, 우리 圓測과 玄奘이 처음으로 상면한 것도 이때다. 그때에 원측은 33세이었다. 한번 만나자 意氣가 契合하여 지금까지 연마해온 자기의 능력과 지식을 발휘하게 되니 證義에 밝음이 生而知之함 같았다. 太宗의 召命으로 西名寺의 大德이 되었다.

그 후 다년간 계속된 研鑽의 결정은 드디어 成唯識論疏 10권을 비롯하여 解深密經疏 10권, 仁王經疏 3권, 般若心經贊 1권, 기타 瑜伽・因明 등에 관한 많은 撰述을 하여 당시 불교 철학계의 대표적인 중진으로 공인받게 되었다.

고종 말 武后之初에 義解의 選에 뽑혀 譯經館의 일을 맡게 되어 모든 사람들이 推重하였으며 특히 武后는 원측을 佛과 같이 존숭하였다. 때마침 인도승 地婆訶羅가 중국 서울에 왔으므로 칙명으로 大德 5인을 선발하여 같이 密嚴等經을 譯出케 하였는데 원측이 수석으로 일을 보았다. 뿐만 아니라 매양 인도에서 佛師가 올 적마다 원측을 불러 토론케 하였다. 범어에 능통한 탓이라고도 하겠으나 사상적 깊이에 있어서 과연 인도에서 온 본고장 전문가들을 상대할 대표자로 인정되었었기 때문이라고 하겠다. 이때는 玄奘이 입적한 지 20여 년을 지난 때요 玄奘의 수제자로 法相宗의 唯識哲學을 전개한 窺基가 죽은 지 수년을 경과한 때였다. 중국의 불교 철학 특히 唯識哲學界를 대표할 만한 사람은 그 당시에 우리의 원측밖에 없었음직한 일이기도 하다.

그리하여 원측은 譯經에는 반드시 수위에 있었으며 撰疏에는 독자적인 해석을 하였다. 幽閑한 곳에 처하니 영감이 거듭하여 이르렀고 강론을 할 때면 法音이 隨應하였다.

武后垂拱年間에 신라의 神文王은 불법을 앙모하여 여러 번 武后에게 원측의 환국을 간청하였으나 武后는 고마운 뜻으로 이를 거절하였다. 원측 자신도 이미 칠순이 넘은 노령으로 귀향의 念이 또한 간절하였을 법도 하나 중국이 오히려 그를 아끼는 나머지 아쉽게 생각하여 환국을 불허하였던 것이 틀림없다.[1]

> 法師諱文雅, 字圓測, 新羅國王之孫也, 三歲出家, 十五請業, 初於常辨二法師聽論, 天聰警越, 雖千萬言, 一歷其耳, 不忘於心, … 乃覽毗曇, 成實, 俱舍, 婆娑等論, 堅古今章疏, 無不開曉, 名聲譪然, 三藏法師奘公, 自天竺將還, 法師預夢婆羅門授果滿懷, 其所證應, 勝因夙會, 乃奘公一見, 契合莫造, 卽命付瑜伽, 成唯識等論, 兼所翻大小乘經論, 皎若生知, 復被召爲西明寺大德, 撰成唯識論疏

十卷, 解深密經疏十卷, 仁王經疏三卷, 金剛般若觀所緣論, 般若心經, 無量義經等疏, 羽翼秘典, 耳目時人, 所以贊佐奘公, …時有天竺三藏, 地婆詞羅至京, 奉勅簡召大德五人, 命與譯密嚴等經, 法師卽居其首(宋復撰 大周西明寺故大德圓測法師佛舍利塔銘幷序)

稟奇鋒於外鄕, 懸朗鑑於中國者, 惟我文雅大師其人也, …是鷄林之鳳雛, 褫裸出家早辭塵勞, 學寧限於七洲, 語將通於六國 果能天言鼓舌, 而重譚華音, …武后尊賢, 寔重之如佛, 每遇西天開士, 則徵東海人, 俾就討論, 因資演暢, 是以譚經則必居其首, 撰疏則獨斷于心, 捷幽則靈感荐臻, 昇座則法音隨應, 垂拱中, 吾君慕法, 累表請還, 聖帝垂情, 優詔顯拒(崔致遠所撰 故飜經證義大德圓測和尙諱日文)

自幼明敏, 慧解縱橫, …洎高宗之末天后之初, 應義解之選, 入譯經館, 衆皆推挹(宋僧贊寧所撰 西名寺圓測傳. 高僧傳 권4 소재)

원측은 후에 또 東都로 召入되어 新華嚴經을 講譯하다가 卷軸을 끝마치지 못한 채 佛授記寺에서 萬歲通天元年(서기 696) 7월 20일 춘추 84세로 遷化하였다. 龍門 香山寺 北谷에서 화장하여 白塔을 세웠다. 그러나 在京學徒와 西明寺主 慈善法師 그리고 大薦福寺大德 勝莊法師(신라인) 등이 당시에 벌써 禮奉無依할 것을 염려하여 드디어 香山葬所에 遺骸一節을 나누어 寶函石槨으로 盛裝하여 원측이 일찍이 往遊하던 땅인 終南山 豊德寺 동쪽 嶺上에 別葬하고 墓上에 塔을 세우니 塔基 속에 舍利 49粒이 안치되었다. 이곳은 그처럼 원측과 인연이 깊었던 곳이기는 하나 峭壁이 嶄絶하고 茂林이 鬱閉하여 陰僻한 만큼 도로가 거의 불통이어서 인적이 드물게 이르는 곳인지라 埋光蔽德한 채로 헛되이 세월만 지나니 세상 사람들 그 누구가 歸迎할 줄을 알 것이겠는가. 그래서 龍興寺 廣越法師가 지원을 勤成하여 宋의 徽宗政和 5년(서기 1114) 4월 8일에 豊德으로 가서 또 舍利를 나누어 興敎寺에 모셨다. 그러니까 이것은 원측이 입적 후 418년 후의 송나라 때 일이다. 興敎寺에는 이미 玄奘의 탑과 窺基의 탑이 있었다. 그리하여 이 玄奘의 탑 좌측에 원측의 탑을 새로 세웠는데 그 규범을 窺基의 탑과 조금도 다름이 없게 하여 玄奘을 중심으로 좌우에 원측과 窺基 양인의 탑이 선 것이다. 金輪寶鐸에 層傳가 雙聳하여 하늘 높이 솟은 양이 이 세상 것 같지 않은데 그 밑에는 각각 廣廡로써 둘러 神像들이 崇邃하여 참배하는 사람들로 하여금 景慕 起信의 念을 다할 줄 모르게 하였다. 宋復이 撰한 塔銘 말미에 來者瞻仰兮 천만년이라고 쓰게 한 까닭이라고 하겠다.

　　後又召入東都, 講譯新華嚴經, 卷軸未終, 遷化於佛授記寺, 實萬歲通天元年七月二十二日也, 春秋八十有四, 以其月二十二日, 燔於龍門香山寺北谷, 便立白塔 在京學徒, 西明寺主慈善法師, 大薦福寺勝莊法師等, 當時已患禮奉無依, 遂於香山葬所, 分骸一節, 盛以寶函石槨, 別葬於終南山豊德寺東嶺上法師嘗昔往遊之地, 墓上起塔, 塔基內安舍利四十九粒, 今其路幾不通矣, 峭壁崚絶, 茂林鬱閉, 險僻藏疾, 人跡罕到, 埋光蔽德, 徒有歲年, 孰知歸仰, 由是, 同州龍興寺仁王院廣越法師, 勤成志願, 以徽宗政和五年四月八日, 乃就豊

德, 分供養幷諸佛舍利, 又葬於興敎寺, 奘公塔之左, 創起新塔, 規範基公之塔, 一體無異, 幷基公之塔, 卽舊而新之, 金輪寶鐸, 層搆雙聳, 矗如幼成, 其下各環以廣廡, 神像崇邃左右以附奘公焉, 俾至者景慕起信, 不知何時而已也, 銘曰, 雙塔屹立兮, 基是式, 以附奘公兮, 豈窮極, 終南相高兮, 峻係天, 盛德巍然兮, 銘石鐫, 來者瞻仰兮, 千萬年(宋復撰 大周西明寺故大德圓測法師佛舍利塔銘幷序)

 이상으로 나는 원측의 전기에 관계된 것을 약간 장황하게 인용 서술한 느낌이 없지 않다. 그러나 이것은 그 당시 중국의 불교 철학에 있어서 원측의 위치를 밝히는 데 도움이 되었으면 하는 일념에서 부득이한 일이었다. 더구나 그 후 玄奘과 窺基의 사상을 전승한 慈恩宗派의 후계자들이 우리 원측의 날로 높아 가는 명성을 시기하였음인지 또는 원측의 이론을 지지 전개한 신라 출신들의 저술에 위압을 느꼈음인지 여하간 정상적인 대우라고 하기 힘든 일탈이 있었다고 생각되기 때문이요, 그것은 다시금 우리의 철학사에까지 반영되어 우리 스스로 우리 자신의 참된 모습을 제대로 전하여 오지 못한 느낌이 없지 않기 때문이다. 여기서 이른바 시기라 하며 일탈이라 하였음은 무엇을 근거로 하는 말인가. 이것은 어떤 불교학자나 오늘에 있어서 원측을 논할 때 언급치 않는 분이 거의 없을 정도로 관심거리가 되고 있다. 그것은 무엇인가?

2 慈恩宗派의 猜忌

 玄奘의 經論 번역은 너무나 유명하다. 그 중에서도 특히 成唯識論의 譯出은 그에 뒤이어 이에 대한 많은 연구가들을 나오게 하였고 따라서 훌륭한 연구 업적들도 연달아 발표되는 機緣을 만들었다. 이것이 바로 法相宗 곧 慈恩宗의 唯識哲學이 일세를 풍미할 수 있었던 까닭이기도 하다. 그러나 이 成唯識論의 번역 사업 자체부터가 그저 단순하고 순조로운 진행만 한 것은 아니었다. 현장은 唯識哲學의 체계적이며 대표적 고전인 世親의 唯識三十頌에 대한 인도 학자들의 모든 해설서에 나타난 사상을 合糅하여 하나의 번역서를 만들려고 하였다. 인도에는 이미 이 唯識三十頌에 대한 해설이 성행하여 그 중 유명한 大家만 하여도 護法・安慧・親勝・火辨・德惠・難陀・勝友・勝子・智月・淨日을 十大論師라고 전하던 때다. 그런 만큼 현장은 처음에 이 十大論師들의 諸說을 번역하여 神昉(신라인)・嘉尙・普光・窺基의 네 사람으로 하여금 潤飾・執筆・檢文・纂義의 일을 같이 맡아보게 하였다. 그런데 며칠 후 현장의 애제자인 窺基가 돌연 그만두겠다고 하였다. 玄奘이 굳이 그 연고를 물으니 窺基가 은근히 청하는 말이 諸論師들의 학설이 각기 달라 그것을 그대로 역출하면 후세에 諸說

이 분분하여 갈피를 잡지 못하고 연구가 곤란해질 것이니 인제 제설의 참됨과 그릇됨을 잘 가리고 정하여 一本으로 하는 것이 좋겠다고 하였다. 奘公이 窺基의 의견을 採納하여 神昉·嘉尙·普光 세 사람을 그만두게 하고 窺基 혼자서 맡게 하였다. 窺基는 본래 장군의 아들로 貞觀 6년생(서기 632)이요 17세 때에 玄奘의 문하에 들어가 23세에 勅選되어 범어를 배웠으며 25세 때부터 譯經에 종사한 俊聰이다. 그리고 成唯識論 10권의 번역이 顯慶 4년(서기 659)에 완성되었으니 窺基가 28세 때 일이다. 그러므로 번역의 시작은 보다 이전으로 소급하여야 할 것이요 하여간 청년 학도라고 하여도 무방할 시절의 일이다.

> 奘所譯唯識論, 初與昉尙光, 四人同受潤色執筆檢文纂義, 數朝之後, 基求退焉, …以理遣三賢, 獨委於基, 此乃量材授任也(宋高僧傳 권제4 窺基(傳)
>
> 初功之際 十釋別飜, 昉尙光基, 四人同受, 潤飾執筆檢文纂義, 旣爲令範, 務各有司, 數朝之後, 基求退迹, 大師固問, 基懇請曰, 大師理遣三賢, 獨授庸拙(窺基撰 唯識樞要 권상)

여기까지는 좋다. 그러나 玄奘과 窺基의 師資相傳의 학을 고조하는 나머지 자파에 불리하다고 보여진 우리 원측의 명성을 시기하게 되었고 급기야 허구의 史實까지 날조 전파함으로써 그에 대한 衆望을 떨어뜨리려 한 점은 窺基의 門人과 이를 계승한 慈恩宗派 사람들의 졸렬한 태도가 아닐 수 없다. 그 날조 전파한 허구의 사실이란 무엇인가? 그들은 전하기를 窺基가 成唯識論을 집필하기 위하여 단독으로 玄奘의 講을 듣고 그것을 撰錄함에 있어서 다른 사람의 방청을 금하였음에도 불구하고 원측이 守門者에게 금으로써 贈賂하여 몰래 숨어 듣고 義章을 緝綴하여 또한 논지를 疏通하게 되었다는 것이요 그리하여 玄奘의 講이 罷할 무렵 원측이 西明寺의 鐘을 울려 僧徒를 불러 모아 자기가 唯識의 講을 한다고 외쳤다. 窺基가 이 소문을 듣고 圓測보다 뒤떨어졌음을 부끄러이 생각하여 悵怏不已하므로 玄奘이 이를 격려하여 원측은 비록 疏를 지었으나 因明에는 통달하지 못하는 것이 약점이라 하고 드디어 窺基에게 陳那의 因明論을 講하였다는 것이다. 또는 窺基가 모처럼 타인의 하고자 하는 마음을 빼앗음은 좋지 못하다고 생각하여 원측에게 講訓을 양보한 것이라고도 하였다. 뿐만 아니라 현장이 瑜伽論을 講하였을 때에도 원측은 지난번과 같은 방법으로 도청을 하고 窺基보다 먼저 講하였으므로 이번에는 현장이 窺基에게 위로하여 말하기를 五性宗法은 너 혼자만 疏通하고 타인은 그렇지 못하다고 하였다는 것이다.

> 時隨受撰錄所聞, 講周疏畢無何, 西明測法師, 亦俊朗之器, 於唯識論講場, 得計於閽者, 賂之以金, 潛隱厥形, 聽尋聯綴, 亦疏通論旨, 猶數座方畢, 測於西明寺, 鳴椎集僧, 稱講此論, 基聞之, 慚居其後, 不勝悵怏, 奘勉之曰 測公雖造疏, 未達因明, 遂爲講陳那之

論, ……又云, 奘師, 唯爲己講瑜伽論, 還被測公同前盜聽先講, 奘
曰, 五性宗法, 唯汝流通, 他人則否(宋高僧傳 권제4 窺基傳)

　三藏奘師, 爲慈恩基師, 講新翻唯識論, 測賂守門者, 隱聽, 歸則
緝綴義章, 將欲罷講, 測於西明寺, 鳴鐘召衆, 稱講唯識, 基慊其有
奪人之心, 遂讓測講訓,奘講瑜伽, 還同前, 盜聽受之, 而亦不後基也
(宋僧贊寧所撰 西明寺圓測傳 高僧傳 권4 소재)

그러나 이러한 史實을 어찌하여 나는 허구 날조된 것이
라고 감히 말할 수 있는 것인가. 그것은 다음에 열거하는
이유에 의하여 틀림없다고 할 만하기 때문이다.

첫째 원측의 唯識思想의 내용이 窺基의 그것과는 다른
것이요, 그렇기 때문에 원측의 후계자와 窺基의 慈恩宗派
와는 서로 학설에 있어서 대립하였던 것이 사실인 이상,
원측의 唯識思想이 窺基에 대한 玄奘의 講을 듣고 그 덕으
로 이루어진 것이 아님을 알 수 있다.

원측의 唯識思想을 전승한 것은 신라의 道證이요, 다시
그 계통을 이은 것이 大賢이다. 唯識에 관한 원측의 저술
로는 成唯識論疏 10권, 二十唯識疏 2권, 그리고 唯識思想
의 연원을 연구한 것이라고 할 수 있는 解深密經疏 10권
이 있었으나 지금은 解深密經疏가 제1권에서 9권까지 남
아 있을 뿐 成唯識論疏도 二十唯識疏도 전하지 않는다. 道
證이 지은 成唯識論要集 14권도 찾아볼 길이 없다. 오직
大賢이 纂述한 成唯識論學記 8권이 그나마 외국에서 간행
된 문헌 속에 들어 겨우 전하고 있다. 그런 만큼 티벳에서

발견된 西藏語譯圓測의 저술이 전적으로 탐색 연구되는 날에는 모르되 아직은 원측이나 道證의 唯識思想을 직접 그들 자신의 저술을 통하여 충분히 알 길이 없다.[2)]

그에 반하여 窺基가 譯出한 成唯識論 10권을 비롯하여 그가 纂述한 成唯識論述記 20권, 成唯識論掌中樞要 4권은 그대로 고스란히 전하고 있으며, 뿐만 아니라 그의 제자 慧沼의 成唯識論了義燈 13권도, 慧沼의 뒤를 이은 智周의 成唯識論演秘 14권도 같이 전해지고 있다. 慧沼의 成唯識論了義燈은 慈恩宗에 있어서 정통적 위치를 점하는 중요한 저술인 바 오로지 窺基의 사상을 遵奉하여 그와 일치하지 않는 원측과 道證의 설을 공격 배제하려는 것이 주목표로 되어 있다고 하여도 과언이 아니다. 자기들의 비위에 맞지 않는 것은 백 수십여 개소에 걸쳐 세세히 剔抉하여 반드시 今謂不爾니 恐不當이니 恐不爾니 此說亦非니 理未必然이니 亦未盡理니 此亦不許니 심지어 是妄出過 不善因明也라고 하여 깎아내리다 못해 논리가 틀렸다는 식으로까지 헐뜯고 있다.

이론의 내용에 관한 시비는 별도로 흑백이 가려져야 할 일이나 여하간 학설이 서로 달랐었음은 역력히 짐작되고 남음이 있다. 한편으로는 도청하여 만들어진 것이라고 하면서 한편으로는 다르다고 나무라고 있다. 현장의 설을 답습하였다기에는 너무나 차이가 많다고 그들 스스로가 자인함이 틀림없다.

이것은 분명히 원측의 창의적인 해설을 허술히 대할 수
없는 학적 가치를 오히려 인정하는 것밖에는 안 된다. 누
구의 설보다도 강적이라고 생각되었기에 그토록 깎아내리
기에 열중하지 않을 수 없었다고 봄이 타당할 것이다. 그
것이 이론만 가지고는 오히려 부족하였던지 선후가 撞着되
는 도청이라는 허위 사실을 날조하여서까지 마치 인간적인
면에 흠이 있는 것처럼 꾸며 자기들의 전통만을 내세우려
고 온갖 수단을 다한 것이다.

이로써 미루어 볼 때 唯識에 관한 원측이나 道證의 저술
이 전하지 않는 것도 이들의 흉계에 의하여 유포가 금지되
었던 탓이라고 봄도 무리가 아니다. 그러나 우리는 남의
과오를 탓하기 전에 우리 자신이 왜 우리 조상의 저술들을
아끼며 전하지 못하였던가부터 자책을 면할 길이 없을 것
이다. 그저 우리 것이라면 무작정 무시하기가 일쑤요 남의
것이라야만 의의를 느낄 만큼 치졸하여진 그 습성이 부끄
럽다.

그리고 허구의 사실이라는 둘째 이유는 이론을 떠나 원
측의 인품이나 학력으로 미루어 도저히 상상조차 할 수 없
는 일이라는 데 있다.

원측은 위에서도 본 바와 같이 則天武后에 의하여 佛과
같은 존숭을 받은 고승이요 당시 불교계의 중진으로 활약
한 것은 사실이나 그의 천성은 오히려 산수의 자연을 즐겨
한적한 생활 속의 정진을 좋아하였다. 일찍이 終南山 雲際

寺에 머물렀다가 다시 거기서도 30여 리나 떨어져 있는 궁벽한 산중으로 들어가 8년 동안이나 그 한 곳에서 閒居 靜志하던 중 僧徒들의 청으로 전에 있던 西明寺로 돌아가 成唯識論을 講하였다.

　法師性樂山水, 往依終南山雲際寺, 又去寺三十餘里, 閒居一所, 靜志八年, 西明寺僧徒, 邀屈還寺, 講成唯識論 (宋復撰 大周西明寺 故大德圓測法師佛舍利塔銘并序)

원측의 사람됨과 천성이 짐작되거니와 그런 분이 한때의 명성을 얻기 위하여 일부러 남의 의도를 앞지르면서까지 발표를 서둘렀을 리가 만무하다. 成唯識論이 역출된 것은 窺基가 28세 되던 때의 일이라고 하였다. 그러므로 원측은 바로 45세이었던 것이다. 두 사람의 연령 차이를 생각하더라도 제자뻘밖에 안 되는 젊은 사람과 경쟁을 하기 위하여, 더구나 贈賄 도청을 하였다 함은 도저히 납득할 수 없는 것이다. 窺基는 신진 氣銳라고 할까. 그야말로 선배를 능가하고 싶은 의욕이 있었을는지 모를 일이요 따라서 成唯識論 번역의 임무를 獨擅한 것이라고 생각할 수도 있겠으나, 그래도 그를 지도한 玄奘이 구태여 원측에게만 청강을 불허할 만큼 그렇게 용렬하였으리라고는 생각되지 않는다. 그것이 무슨 비법이라도 전수하는 것이라면 모르되 諸說을 合糅 번역하는 것쯤 남이 들어서 안 될 만큼 공개 못할 것이 무엇인가. 도대체 大乘의 佛道를 밝히려는 사람들에게 당치 않은 허구인 것이요 필시 慈恩宗의 末流들의 소위임이 틀림없다.

成唯識論의 역출은 窺基가 28세, 원측이 45세 되던 때의 일이라고 하였다. 또 窺基는 23세에 범어를 배웠고 25세 때부터 譯經에 종사하였음을 말하였다. 그러니까 成唯識論의 역출엔 아무리 才分이 출중한 窺基였다고 하지만 아직도 譯經의 경험이 日淺하던 때의 일이라고 하여 무방할 것이다.

원측이 몇 살 때부터 범어 공부를 하였는가는 분명치 않으나 본래 어학의 소질이 놀라워 6개 국어에 능통하였던 만큼 일찍부터 범어를 마스터하였으리라고 추측이 된다. 인도로부터 귀환한 玄奘과 상면한 때의 원측의 나이가 33세였다고 하였거니와 그때 원측은 이미 범어 원서에 능통하였음직도 한 일이다. 아니 그런 추측은 그만두고 가사 玄奘을 상면한 이후부터 범어 공부를 하였다 치더라도 窺基의 학력과는 선후의 차가 너무나 벌어진다. 말하자면 窺基에 비하여 원측은 어느 모로 보나 비교가 안 될 만큼 이미 원숙기에 가까웠던 것이라고 봄이 무방할 것이다. 이러한 원측이 무엇 때문에 구구하게 窺基에게 하는 講을 도청하여야만 하겠는가. 그럴 리가 만무하다. 이것이 오히려 원측의 실력을 시기하는 나머지 慈恩宗의 아류 후배자들이 그들의 종파의식에 사로잡혀 취해진 낭설이라고 하는 까닭이다.[3)]

3 근본적인 연구태도

원측의 근본적인 연구 태도는 대승 불교의 奧義 진수를 천명함에 있었고 구태여 한 종파의 異를 세우며 변호하는 데 있지 않았다. 그러기에 그 자신 有宗에 속한다고 할 唯識哲學을 주로 하면서도 般若의 空宗을 또한 두둔하여 般若心經疏와 般若心經贊을 찬술한 것이다.

원측에 의하면 佛滅度後 천2백년에 남인도 지방 健至國에 淸辨과 護法의 두 보살이 한때에 나왔다. 淸辨은 般若經과 龍樹의 사상에 의거하여 般若燈論, 掌珍論 등을 저술하여 無着 등 唯識의 有相大乘을 공격했고 護法은 解深密經 등에 의거하여 有宗을 세워 般若의 空宗을 공격하였다. 환언하면 淸辨은 空을 執하고 有를 撥함으로써 有執을 제거하려한 것이요 護法은 有를 세워 空을 撥함으로써 空執을 제거하려 한 것이다. 그러나 원측에 의하면 모두가 有情의 인간으로 하여금 佛法에 悟入케 하려고 함이니 空宗이나 有宗이나 佛의 뜻을 이루기는 마찬가지다. 有卽 空이요 空卽 色이라 亦空亦有하여 二諦를 順成하는 것이요 非空非無하여 中道에 契會함이니 불법의 大宗이 어찌 이렇지 않겠느냐 하는 것이다. 空과 有의 兩種 도리를 구현하여 有無 2종의 偏執을 雙除하니 이것이 곧 敎의 홍함이라는 것이다.

> 西明云, 至千二百年, 淸辨菩薩, 依諸般若及龍樹宗, 造般若燈論, 掌珍論等, 破無着等有相大乘, 當時 護法依深密等, 成立有宗, 破彼空義(慧沼述 成唯識了義燈 제1권)
>
> 佛滅沒已一千年後, 南印度界健至國中, 有二菩薩, 一時出世, 一者淸辨, 二者護法, 爲令有情悟入佛法, 立空有宗, 共成佛意, 淸辨菩薩, 執空撥有, 令除有執, 護法菩薩, 立有撥空, 令除空執, 然則空不違有, 卽空之理, 非無, 不違空, 卽色之說, 自成, 亦空亦有, 順成二諦, 非空非有, 契會中道, 佛法大宗, 豈不斯矣 (圓測 般若心經贊)
>
> 具現空有兩種道理, 雙除有無二種偏執, 此卽敎之興也(동상)

그러므로 원측은 空宗이나 有宗이나 같이 空有의 兩執을 雙破하여 中道를 건립하려는 것이요 護法이 有宗이라고 하여 中道義에 어긋난다는 것은 아니었다.

> 護法菩薩, 雙破空有兩執, 建立中道, 依佗起性, 非空非有, 故隨見不同, 分隔聖言, 合成多分, 互興諍論, 各執一邊, 不能除惡見塵垢, 詎能契當諸佛世尊所說, 大乘淸淨妙旨, 未會眞理, 隨己執情, 自是非佗, 深可怖畏, 應捨執着空有兩邊, 領悟大乘不二中道(圓測撰 仁王經 권1)
>
> 護法正宗, 中中道義, 而成唯識述瑜伽宗, 故亦不違(동상)

그러므로 원측의 학설이 護法의 사상을 지지하는 慈恩宗의 전통과 다른 점에만 착안하는 나머지 원측이 護法의

有宗을 有一邊에 치우쳐 中道에 맞지 않는다고 한 것처럼 속단함은 잘못임을 알 수 있다. 위에서 언급한 慈恩宗派의 慧沼도 원측을 공격하기에 급급하여 원측이 護法은 有宗을 성립시켰다고 하였음은 틀렸다고 서두르고 있다.

> 今謂不爾, 淸辨三性總說爲無, 可得云空, 護法三性非皆有說, 何名有敎(慧沼述 成唯識了義燈 권1)

원측은 淸辨을 일체의 有爲無爲를 雙遣하는 眞妄俱遣宗이라 하고 護法을 二諦三性等義를 존립하는 眞妄俱存宗이라고 한다. 그러나 存은 遣과 不違하여 唯識의 뜻이 더욱 밝혀지는 것이요 遣은 存과 不違하여 無相의 뜻이 恒立됨이다. 迷謬者는 空을 설하면서도 有에 집착하고, 悟解者는 有를 辨하면서도 空에 達하는 것이다. 그러나 여러 설이 구구한 것은 단지 진리를 터득하도록 接引하는 방법이 많으며 이치에 들어가는 문이 하나가 아니기 때문이다. 여러 聖敎는 각기 一義에 의거하고 있으므로 相違한 것이 아니라고 한다.

> 存不違遣, 唯識之義彌彰, 遣不違存, 無相之旨恒立, 亦空亦有, 順成二諦之宗, 非有非空, 契會中道之理, 故知迷謬者說空而執有, 悟解者辨有而達空, 佛法甚源豈不斯矣, 但以接引多方, 入理非一 (圓測撰 解深密經疏 권1)
> 諸聖敎, 各據一義, 故不相違(동상)

唯識哲學을 오직 그 당시에 성행하던 世親의 唯識三十頌에 관한 16論師의 해설서로서 연구하는 데 그치지 않고, 더구나 그들 諸說을 合糅하여 만들어졌다는 成唯識論 연구에 그치지 않고, 唯識思想의 근원으로 소급하여 解深密經을 특히 중요시함으로써 그의 疏를 찬술한 것부터가 원측의 철저한 근본적 태도를 짐작케 한다. 뿐만 아니라 역시 唯識과 관계가 깊은 瑜伽論의 疏를 지었음도 그 의도는 唯識 철학의 정치 심오한 연구를 수행하기 위함이었을 것이라고 짐작된다.

동시에 원측의 근본적인 연구 태도는 예리한 논리로써 일관하고 있음을 주의하고 싶다. 唯識哲學은 의식 현상의 치밀한 논리적 분석을 필요로 하는 것이요 같은 불교 철학에 있어서도 瑜伽 唯識系統에 있어서 因明 논리가 마치 先要 학문같이 되어 있음은 주지되어 있는 바와 같거니와, 원측은 因明論疏, 因明正理門論疏, 理門論疏를 각각 2권씩 찬술한 것으로 되어 있다. 지금은 그 책들이 남아 있지 않아 내용을 언급할 수 없음이 한이나, 본래 因明論理는 티벳에서 숭상되어 왔고 남아 있는 저술의 종류도 많은 듯하니 혹시 그 중에 티벳어로 된 원측의 因明 논리에 관한 저술이라도 발견된다면 우리 선인이 남긴 유일한 현존 논리학서가 될 것이다.

원측의 博引 傍證으로서 전개되는 이론은 인용한 經이나 論疏가 얼마나 많은 종류에 이르고 있는가를 주의함으로써 과연 놀라지 않을 수 없는 정도이거니와 치밀한 분석은 매양 여러 차례 거듭되어 긴장하여 문맥을 찬찬히 붙들지 않으면 따라가기조차 힘들다. 명석한 논리적 두뇌를 가진 원측이었음이 틀림없다. 서양 철학에서 현상학을 시작하여 순수 의식의 분석을 한 후설이 연상된다고 하여도 과언이 아닐 것이다.

그럼에도 불구하고 원측이 玄奘의 강을 도청하였다는 낭설을 꾸며 낸 慈恩宗派의 末流들이 마치 因明에는 통하지 못한 원측이었던 것처럼 만들어 놓았음은 어불성설일 뿐만 아니라 도리어 그로써 미루어 보더라도 도청 운운하는 것이 날조된 史實임을 짐작케 한다. 그러면서도 딱하다 할까 가소로운 것은 논박하기 위하여 인용한 원측의 이론에는 因明 논리의 방법을 써가며 당당하게 전개되고 있는 대목을 얼마든지 볼 수 있다는 것이다.

원측은 궁극적인 진리를 누구보다도 날카로운 논리에 의하여 추구하였던 것이라고 하겠다.

4 독자적인 견해

　원측의 唯識哲學의 특색을 체계적으로 다룬다는 것은 여러 저술과 다른 책에 인용된 글들의 세밀한 연구를 기다려서 가능함직한 일이요 아직은 시기 상조의 감이 없지 않다. 여기서는 우선 여기저기서 散見되는 중요한 몇 가지를 추려 골자라고 생각되는 점을 종합하여 밝혀보기로 한다.
타
　唯識을 分說함에 있어서 고래로 安慧는 自證一分說, 難佗는 相見二分說, 陳那는 相見에 自證을 가한 三分說, 護法은 相見과 自證에 다시 證自證을 가한 四分說을 주장하였다고 하여 보통 '安難陳護一二三四'로 전하여오는 것이나, 圓測은 불경의 三界唯心을 一分으로, 無着과 世親의 相及見을 二分으로, 그리고 陳那를 三分, 護法을 四分으로 보고 있다.

　　測云, 佛唯識, 多說一分 如契經言, 三界唯心, 佛滅度後, 至九百年, 無着世親, 開爲二分, 謂相及見, 次陳那等, 加自證分, 千一百年, 護法菩薩, 依厚嚴經, 造成假論, 更立四分, 開合雖異, 理無乖返(太賢集 成唯識論學記 권3)

　여기서도 원측은 모든 分說이 비록 開合에 있어서 서로

상이하나 理無乖返이라 하여 모두 살려 보는 그의 근본적인 태도가 엿보인다.

心意識은 곧 八識이거니와 이 種數에 관하여 원측은 다음과 같이 논하고 있다.

> 言種數者, 諸聲聞藏, 但說六識, 而無七八, 具如諸敎, 今依大乘, 自由兩釋, 一龍猛等, 但說六識, 是故淸辨菩薩所造, 中觀心論入眞甘露品云, 離六識外, 無別阿賴耶識, 眼等六識所不攝故, 猶如空華, 故知彼宗唯立六識 二彌勒宗, 依金光明等, 具立八識, 然依此宗, 西方諸師, 有其三說, 一菩提留支唯識論云, 立二種心, 一法性心, 眞如爲體, 此卽眞如心之性故, 名之爲心, 而非能緣, 二相應心, 與信貪等, 心所相應, 解云, 唯釋意之性故, 識之性故, 亦名意識, 於理無違, 二眞諦三藏, 依決定藏論, 立九識義, 如九識品說, 言九識者, 眼等六識, 大同識論第七阿陀那此云執持, 執持第八爲我所, 唯煩惱障, 而無法執, 定不成佛, 第八阿梨耶識, 自有三種, 一解性梨耶有成佛義, 二果報梨耶 緣十八界, …三染汙梨耶 緣眞如境, 第九阿摩羅識, 此云無垢識, 眞如爲體, 於一眞如, 有其二義, 一所緣境, 名爲眞如及實際等, 二能緣義, 名爲無垢識, 亦名本覺, 具如九識章引決定藏論九識品中說, 三大唐三藏, 依楞伽等及護法宗唯立八識, 不說第九(圓測撰 解深密經疏 권3)[4)]

그 중에서 龍猛 등이 六識을 설함은 大品經等意를 述한 것이므로 相違하는 것이 아니나 眞諦의 九種識中 제7, 8, 9의 三識은 皆有多失이라 하여 일일이 비판하고 있다. 특히 제9의 阿摩羅識은 無敎可憑이라 하였으며 그것을 無垢

識이라고 한다면 이는 곧 淨分第八識 이외의 것이 아니요 또 決定藏論이자 瑜伽인데 거기에는 본래 九識品이 없다고 하여 원측은 第九識을 따로 필요가 없다고 본 것이다.

龍猛等信有七八, 位在極喜大菩薩故, 而彼論中, 說六識者, 述大品經等, 故不相違, 眞諦師說, 九種識中, 後之三識, 皆有多失, ……又眞諦云, 阿摩羅識反照自體, 無敎可憑, …無垢識者, 卽是淨分第八識也, 又決定論, 卽是瑜伽, 彼論本無九識品也(圓測撰 解深密經疏 권3)

다음으로 원측은 六識을 一體로 보고 七과 八을 別體로 보았으며 要集의 撰者 道證이 또한 원측의 설에 따랐던 것이다.

西明云, 有說八識爲一, 有說但執六識爲一, 不說七八, 雖有二解, 取此爲正, 所以者何, 世親釋云, 唯除別有第八, 故彼論云, 非離意識, 別有餘識, 唯除別有阿賴耶識, 故別有第八自體, 雖無正文, 准理第七離意別有,[5] 要集三解, 第三同此, 亦判爲正(慧沼述 成唯識論了義燈 제1권)

心意識의 三種別義에 관하여서는 集起心, 思量意, 了別識을 類別하여 그것이 각기 第八識, 第七識, 그리고 나머지 六識에 해당함을 밝혔으며 般若의 六識에는 상중하의 三品이 있어서 上品의 細者가 賴耶 즉 第八識에, 中品이 末那 즉 第七識에 해당하고 下品이 나머지 六識에 해당함을 밝혔다. 그리고 상중하의 三品이 모두 意根으로부터 生하므로 意識이라고 한다고 하였다.

第八名心, 集諸法種, 起諸法故, 第七名意, 緣第八識, 恒審思量, 爲我等故, 餘六名識, 於六別境 麤動間斷, 了別轉故(圓測撰 解深密經疏 권3)

諸敎立識不定, 有處但說六識, 不說七八如諸般若, 或說八識, 如金光明等, 而諸般若所說六識, 自有三品, 謂上中下, 上品細者, 名爲賴耶 中名末那, 下名六識 如是三品從意根生, 故名意識(圓測撰 仁王經疏 권3)

원측은 인도의 唯識論師들을 평하여 護法과 難陀는 宗旨를 多述하여 違文을 會釋하였으며 火辨과 親勝은 本頌을 正釋하여 論意를 標하였고 安慧는 比量을 건립하여 他宗의 失을 斥하였으므로 諸本이 別行이면 攝義가 모두 周悉하지 못하였다고 한다.

西明云, 然諸釋中, 所宗各異, 護法難陀等, 多述宗旨, 會釋違文, 火辨親勝, 正釋本頌, 以標論意 安慧菩薩, 建立比量, 斥他宗失, 由斯諸本別行, 攝義皆不周悉者(慧沼述 成唯識了義燈 권1)

이러한 점이 諸說을 合糅하였다고 하면서도 護法의 설을 주로 하여 이루어진 成唯識論의 역자 窺基의 사상을 그대로 전승한 慈恩宗派의 비위에 거슬렸음직도 한 일이다.

원측 당시에 중국에 唯識의 六大家가 있어서 각기 특징을 들어 慈恩 즉 窺基는 石鼓鳴山에 비유되었고 西明 즉 원측은 雷聲啓蟄이라는 평을 받았다. 京地의 光과 河曲의 觀은 때때로 그 環中을 얻어 그 精義를 들었다고 하였으며 山東의 範은 以鉤鎖로 得佳라 일컬었고 汾陽의 寂은 由穿鑿하여 見知라 평하고 있다.

要集云, 慈恩良匠, 石鼓鳴山, 卽以有說, 標其稱也, 西明大師, 雷聲啓蟄, 故以有尺, 着其名也, 京地法將光也, 河曲宗師觀也. 往往得其環中, 時時擧其精義, 山東之範, 以鉤鎖得佳, 汾陽之寂, 由穿鑿見知(道證撰 成唯識論要集)

慈恩을 良匠이라 하고 西明을 大師라 하였음은 要集의 撰者인 道證 등 圓測系統의 평임이 짐작되나 雷聲啓蟄, 故以有尺, 着其名也라고 하였음은 웅혼하고도 계발의 힘을 가진 그의 이론의 특징을 나타낸 말일 것이다.

이제 원측의 분석이 얼마나 精緻한가의 일례로서 鏡喩와 水喩에 관한 것을 들기로 한다. 고래로 鏡面譬는 心眞如門의 喩라 하였고 水浪喩는 心生滅門의 喩라 하여왔다. 이에 대하여 현장은 西方諸師釋二喩所說同이나 但欲令明了本義故로 須二喩라 하였고[6] 神泰는 鏡是人功所造故로 喩分別見이요, 水非人功所造故로 喩俱生見하라고 하였다.[7] 그런데 원측은 여기서 한 걸음 나아가 淸水器와 淨鏡面과 澄水池를 다시 구별한다. 그리하여 聞慧・思慧・修慧

의 喩를 차례로 배정하고 있다.

> 淸水器喩, 淨鏡面喩, 澄泉池喩, 如是三種, 如其次第卽喩三慧, 淸水之器, 照象雖得, 猶不及鏡, 故喩聞慧, 淨鏡雖明, 無澄靜性, 故喩思慧, 水性調柔, 有澄靜性, 故喩修慧(圓測撰 解深密經疏 권7)

원측의 독자적 견해로 慈恩宗派의 사상과 뚜렷이 대립되는 것은 끝으로 五種性에 관한 해석을 들 수 있다. 慈恩宗에서는 모든 有性이 無始時來 法爾自然으로 五種性의 구별을 稟有하고 있음을 주장한다. 無漏種子 즉 佛性의 俱有 여부에 의한 구별이라고 할 수 있다.

五種性이란 聲聞定性, 獨覺定性, 菩薩定性, 三乘不定性, 無性有情性의 다섯인 바 그 중에서 決定大乘種性이라고 할 菩薩定性은 無漏種子를 具有하여 頓悟 頓機에 속한다. 無性有情性은 人天乘이라고도 하여 三乘의 無漏種子를 전연 稟有하지 못한 만큼 아무리 노력하여도 人天善果를 얻을 수 있을 뿐이요 成佛은 못한다. 三乘不定性은 廻向으로 漸悟 漸機가 가능한 경우도 있으나 菩薩種子를 가지지 못하여 佛性을 결한 것도 있다. 聲聞定性과 獨覺定性은 鈍根과 利根의 차이는 있으나 같이 定性二乘이어서 聲聞果나 獨覺果를 證할 수 있는 종자를 具有할 뿐이다. 慈恩宗은 이러한 五種性의 永別說을 주장하는 것이 그의 특색이거니와 이 사상은 바로 주로 解深密經을 그의 의거로 한 것이다.

원측의 五種性別에 관한 사상은 그의 成喩識論疏에 보

다 상술되어 있음직도 한 일이나 지금은 전하지 않으므로 解深密經疏에 의하여 더듬기로 한다. 이것만으로도 그가 얼마나 정밀하게 논술하고 있는가를 짐작할 수 있기 때문이다. 우선 五種性別의 윤곽을 다음과 같이 논한다.

> 言五性者, 所謂三乘不定無性, 言無性者, 謂於身中, 無有三乘涅槃種性, 就有性中, 有其四種, 一聲聞種性, 謂於身中, 唯有聲聞涅槃種性, 二獨覺種性, 三菩薩種性, 此二種性, 唯同聲聞, 四不定種性, 謂於身中, 具有三乘涅槃種性, 而彼廻心定趣佛果, 由佛菩薩大悲方便所攝受故(圓測撰 解深密經疏 권4)

그리고 特히 聲聞·獨覺·菩薩에 관하여서는 다음과 같이 詳說하고 있다.

> 言聲聞者, 諸佛聖教, 聲爲上首, 從師友所聞此教聲, 展轉修證, 永出世間, 小行小果, 故名聲聞(동상)
> 言獨覺者, 常樂寂靜, 不欲雜居, 修加行滿, 無師友教, 自然獨悟, 永出世間, 中行中果, 故名獨覺, 或觀待緣而悟聖果, 亦名緣覺(동상)
> 言菩薩者, 悕求大覺, 悲愍有情, 或求菩提, 志願堅猛, 長時修證, 永出世間, 大行大果, 故名菩薩(동상)

그리고 원측은 현장이 五種性別說을 세워 無性有情에는 涅槃性이 없고 定性二乘은 成佛할 수 없다고 주장하였음을 밝혔다.

> 大唐三藏, 依諸經論, 立有五性, 無性有情無涅槃性, 定性二乘必不成佛(동상)

뿐만 아니라 解深密經을 비롯하여 善戒經·地持論·瑜伽論 등에서 慈恩宗의 논거가 될 수 있는 설을 일일이 제시하고 있다.[8] 원측을 헐뜯는 末流들이 마치 五性宗法은 窺基만이 유통할 수 있고 원측은 알지 못한 것처럼 만들어 전하려 한 어리석음을 웃지 않을 수 없다. 원측은 五性種別을 모른 것이 아니라 그 의의를 살리면서 지양하려고 한 것이다. 그리하여 원측은 涅槃經·實性論 등을 인용하여 모든 중생이 如來藏을 가지고 있으며 五種性이 한결같이 佛性을 가지고 있음을 밝힌다.

> 涅槃云, 善男子, 我者卽是如來藏義, 又一切衆生悉有佛性, 常住無有變易, 又寶性論第一卷云, 問云何得知一切衆生有如來藏, 答 依一切諸佛平等法性身, 知一切衆生皆有如來藏, 如此等文, 皆是眞如法身佛性, 此卽五性皆有佛性(동상)

원측은 나아가 이 五種性의 문제를 假實說과 관련시켜 전개하고 있다. 즉 法華나 涅槃은 不定種性도 틀림없이 成佛한다고 보아 방편으로 三乘을 가설하는 것이나 실은 一乘을 설하는 것이요 勝鬘이나 解深密은 그와 반대로 방편으로 一乘을 설하는 것이나 실은 三乘을 설하는 것이라고 하였다. 그러나 원측은 다시 나아가 解深密은 法華나 勝鬘

이 各據一義인 데 대하여 一部義를 俱有한 것인 만큼 最了義라고 하여 새로운 견해를 피력하였다. 즉 解深密을 慈恩宗에 있어서와 같이 五種性 永別에 있어서 보지 않고 一乘的 見地가 있음을 살려서 본 것이다.

> 辨假實考, 諸教不同, 有處實說一乘, 假說三乘, 如法華經云, 十方佛土中, 唯有一乘法, 無二亦無三, 除佛方便說……又涅槃經第二十五云, 一切衆生皆歸一道, 一道者謂大乘也, 諸佛菩薩爲衆生故, 分之爲三等, 有處實說三乘, 假說一乘, 如卽此經(동상)
>
> 如來方便, 說爲一乘, 就實正理, 具有三乘, 各證無餘究竟涅槃, 勝鬘經意亦同此(동상)
>
> 定性二性, 唯證二乘無餘涅槃, 必無後時得成佛義, 故瑜伽云, 二乘所證無餘涅槃(동상)
>
> 不定種性, 廻向聲聞, 必當成佛, 是故法華方便品說, 爲二乘種姓, 理實決定得成佛果, 若依此說, 方便說三, 就實爲一, 故法華云, 十方佛土中, 唯有一乘法, 無二亦無三, 除佛方便說(동상)
>
> 法華勝鬘, 各據一義, 今此一部義俱有, 故解深密是最了義(동상)

그리하여 원측은 成佛하지 못한다는 사상을 잠시 無性一邊에 의하여 설하는 것, 혹은 보살의 悲願을 나타내는 것이라고 보고, 深密經이나 瑜伽 등에서 定不成이라고 함은 根未熟時에 約하여 나누어 설한 것이요 決定不成佛이 아니라는 탁견을 결론적으로 단정한 것이다.

> 彼論且依暫時無性一邊而說, 或可彼顯菩薩悲願(동상)

深密經及瑜伽等, 定不成者, 約根未熟時分而說, 非謂決定不成佛也(同上)

이상으로써 원측의 독자적인 견해가 나변에 있는 것인가 짐작되려니와 그런 만큼 오히려 慈恩宗派의 시기와 반발이 심하였을 것도 추측할 수 있다. 그러나 그의 빛나는 업적은 그들 반대자들 자신도 '天下分行焉'하였음을 부인할 수 없었고 '耳目時人'이라고 쓰지 않을 수 없었던 것이다.

唯識哲學에 있어서 慈恩宗派가 그 사상을 대표하는 것으로 되어왔으나 여기에 이르러 우리 원측의 위대하였음을 생각한다면 적어도 慈恩宗에 못지않은 西明系의 사상적 의의가 더욱 천명되어야 할 것이라고 생각한다.

㈜

1) 《삼국유사》 孝昭王條에 '圓測法師, 是海東高德, 以牟梁里人故, 不授僧職'이라고 쓰어 있음을 들어 李能和 《佛敎通史》에 '暫還鄕里, 因其不遇, 再入唐土, 以終焉者歟'라 하였으나 나는 圓測의 還國을 의심한다. 圓測이 孝昭王 元年에 還國하였다 치더라도 孝昭王 5년에 84세로 입적하였으니 79세 때가 될 것이요, 그러나 노령으로서 僧職을 不授한다고 다시 入唐한다는 것도 상상하기 힘들지만 더구나 神文王 때에는 圓測을 흠모하는 나머지 武后에게 還國시켜 주기를 간청한 일까지 있었음을 생각하면 孝昭王 때 牟梁里에서 花郎에 대한 불미한 처사가 있었다고 하여 圓測에게 僧職을 不授하였다 함은 쉽사리 납득이 안 된다. 《삼국사기》 권 제8 新羅 孝昭王 元年 8월조에 '高僧道證自唐廻'라 하였으니 圓測이 아니라 그의 제자인 道證이 還國한 것이다.

牟梁里에 관련된 《삼국유사》의 기록을 비롯하여 圓測의 傳記・著書 등을 상세하고도 요령있게 소개한 것은 趙明基 교수의 《新羅佛敎

의 理念과 歷史》 제3장 〈發展期의 學究〉 중 '四. 圓測의 唯識'이라는 글이다. 같이 참고하시기 바란다.
2) 티벳어로 된 圓測의 解深密經疏가 西藏經中에 발견되어 우선 漢文中 缺本인 제10권이 일본 稻葉正就에 의하여 漢譯되어 京都法藏館에서 油印本으로 간행되었다.
3) 趙明基 교수도 상기 저술에서 '터무니없는 讒誣中傷'을 입었다고 하였다. 일본의 불교학자들도 허구에 불과함을 인정하고 있다. 일례로서 勝又俊敎 著 《佛敎에 있어서의 心識說의 硏究》 제9면 참조. 그리고 同書 제11면 기타에 있어서 日本江戶時代의 戒定이 또한 圓測의 盜聽은 窺基門下의 謗言에 불과하다고 하였음에 언급하고 있다. 더욱 戒定은 이것은 도리어 窺基 이외에 정통적인 학설이 있음을 증명하기에 족하다고 하였다는 것이다.
4) 九識에 관한 동일 내용의 논술을 圓測의 仁王經疏 권3에서도 볼 수 있다. 그곳에는 '眞諦三藏, 總立九識, 一阿摩羅識, 眞如本覺爲性, 在纏名如來藏, 出纏名法身, 阿摩羅識, 此云無垢識, 如九識章, 餘之八識, 大同諸師, 慈恩三藏, 但立八識, 無第九識, 而言阿摩羅者, 第八識中淨分第八'이라고 씌어 있다.
5) 圓測의 이 주장은 매우 독특하여 慈恩宗의 사상과 대립되는 것인 만큼 고래로 많이 인용되어 온 것 같다. 일본의 釋眞興撰 《唯識義私記》 권4에도 똑같은 글이 인용되고 있으며 窺基가 그에 대하여 此說八識體是一故라 하여 반대하였다는 글까지 같이 인용하고 있다.
6) 有古德說, 鏡面譬, 譬心眞如門, 水浪喩, 喩心生滅門, 今奘法師云, 西方諸師釋二喩所說同, 但欲令明了本義故須二喩(遁倫撰 瑜伽論記 제20)
7) 泰師云, 鏡是人功所造, 故喩分別見, 水非人功所造, 故喩俱生見(동상 22)
8) 善戒經第一卷, 若無菩薩性, 雖復發心勤修精進, 終不能阿耨多羅三藐三菩提, 又地持論第一卷云, 非種性人, 無種性故, 雖復發心勤修精進, 必不究竟阿耨菩提, 瑜伽第三十五亦同地持, 又此經云, 一向趣寂靜聲聞種性補特伽羅, 雖蒙諸佛施設種種勇猛加行方便化導, 終不能令當坐道場證得阿耨多羅三藐三菩提, 又深密解脫經第二云, 成就第一義寂滅聲聞性人,

一切諸佛盡力敎化, 不能令其坐於道場得無上菩提, 我說名爲寂滅聲聞(圓測撰 解深密經疏 권4)

Ⅲ 元曉의 철학사상

1 和諍의 논리

  원효는 전래한 불교의 여러 종파적 사상을 섭취 지양하여 이것을 우리의 일상적인 생활 속에서 살림으로써 새로운 획기적 발전의 기초를 확립한 것으로 비교적 잘 알려져 있다. 그리하여 때로는 기적적인 요소까지 결부시켜 신비화를 꾀하는 사람조차 없지 않을 정도로 그의 역사적 의의는 크다고 하겠다. 그러나 여기서는 가능한 한 전설적인 설화보다도 그가 남긴 문헌에 의거하여 그의 사상을 단적으로 철학적인 면에서 천명하여 보기로 한다.

  석가 생존시에는 그의 설법을 중생들이 직접 들어 진의를 깨우칠 수 있었던 만큼 별로 異論이라고 할 것이 없었으나 이미 오랜 세월이 경과하고 또 널리 전파됨에 따라 서로 다른 이론들이 속출하여, 혹은 내가 옳고 다른 사람은 옳지 못하다고 하는가 하면, 혹은 나는 그렇지만 다른 사람은 그렇지 않다고 하여 드디어 무수한 논란을 형성하게 되었다. 그리하여 오랫동안 矛盾相爭하던 차에 百家의 異諍을 화합하여 서로 다른 견해를 귀일시킨 것이 바로 원효 사상의 가장 기본적인 특색이다.

  空空之論雲奔, 或言我是, 言他不是, 或說我然, 說他不然, 遂成

河漢矣(十門和諍論序, 元曉大師 全集 제10책 36장) 矛盾相爭者
有年, 爰乃曉公, 挺生羅代, 和百家之異諍, 合二門之同歸(東文選
제27권 官誥, 朝鮮古書刊行會本 38면)

여기 인용문에서 合二門之同歸의 二門이란 生起의 門과
歸原의 門을 이름이요 이것을 또 成萬德門과 歸一心門이라
고도 한다. 生滅과 常住가 다를 법도 하지만 二門은 서로
통하여 서로 위배하지 않고 모두 無得의 법문을 顯示한다
는 것이다.[1]

주

1) 丘龍(元曉)和諍論云, 夫佛地萬德, 略有二門, 若從因生起之門, 報佛功德, 刹那生滅, 初師所說, 且得此門, 若就息緣歸原之門, 報佛功德, 凝然常住, 後師所說, 亦得此門, 隨一一德, 有此二門, 二門相通, 不相違背 (見登 起信論同異略集 권상, 續藏經 제7투 제4책 368면)

　　佛地萬德, 略有二門, 若就捨相歸一心門, 一切德相, 同法界故, 說唯是第一義, 身無有色相差別境界, 若依從性成萬德門, 色心功德, 無所不備故, 說無量相好莊嚴, 雖有二門而無異相, 是故諸說皆無障礙, 爲顯如是無礙法門(涅槃經宗要, 전집 제1책 38장)

開合과 宗要

그러면 원효의 이러한 和諍思想의 논리적 가능 근거는
무엇인가. 佛敎衆典의 부분을 통합하면 萬流가 一味이며
佛意의 至公無私함을 전개하면 百家의 異諍이 그대로 살려
져 和할 수 있기 때문이다.

> 統衆典之部分, 歸萬流之一味, 開佛意之至公, 和百家之異諍(涅槃經宗要, 전집 제1책 1장)

원효는 ≪華嚴經宗要≫ ≪法華經宗要≫ 등을 비롯하여 이미 알려진 것만도 무려 17종의 宗要를 저술하였다.[2)]

宗要의 宗이라 함은 多로 전개함이요 要라 함은 一로 통합함이니 宗要가 곧 開合 이외의 다른 것이 아니다. 開하면 無量無邊之義가 전개되지만 합치면 하나로 혼융되어, 이른바 開合이 自在하고 立破無得하여 開한다고 번거로운 것도 아니요 합친다고 좁아지는 것도 아니다. 다시 말하면 開合에 따라 增減하는 것이 아니다. 그리하여 定立하되 얻음이 없으며 논파하되 잃음이 없다고 한다.

> 開則無量無邊之義爲宗, 合則二門一心之法爲要, 二門之內, 容萬義而不亂, 無邊之義, 同一心而混融, 是以開合自在, 立破無礙, 開而不繁, 合而不狹, 立而無碍, 破而無失(起信論疏 전집 제6책 1~2장)
>
> 有開有合, 合而言之, 一味觀行爲要, 開而說之, 十重法門爲宗(金剛三昧經論, 東大 영인본 2면)
>
> 開不增一, 合不減十, 不增不減, 爲其宗要也(동상 4면)

원효의 진리탐구 방법은 이 開合의 논리로써 철두철미 일관되어 있는 것이요 그 어느 經이나 論을 연구함에 있어서 우선 이 開合의 견지, 즉 宗要의 입장에서 전체적인 통찰을 먼저 하곤 하였다. 開合이나 宗要를 말한 사람이야

다른 데서도 찾아볼 수 있을 것이요 원효에서 비롯한 것도 아니겠으나, 이처럼 자초지종 근본적인 태도로 한결같이 뚜렷함은 원효에 있어서의 방법적 특색이 아닐 수 없다. 원효의 논리는 開合으로써 宗要를 밝히는 和諍의 논리인 것이다.

이 和諍의 논리는 더 나아가 여러 각도와 관점에서 다루어지고 있다. 그러나 이것은 開合이나 宗要와 다른 것이 아니요 그의 의의를 보다 널리 깊이 파악하기 위한 것이다. 우선 立破와 與奪의 방법론이 어떤 것인가를 알아봄으로써 和諍의 논리가 어떤 태도와 위치를 차지하고 있는 것인가를 밝혀 보기로 한다.

㊟
2) 趙明基박사 저 《新羅佛의 理念과 歷史》 96면 이하 참조. 17종 중에서 5종이 남아 新修大藏經 속에 수록되어 있다.

立破와 與奪

佛道란 본래 萬境이 永息하여 드디어 一心之源으로 還歸하는데 있거니와 그 이론으로 말하면 정립하지 않음이 없고 논파하지 않음이 없다. 이 정립을 與 또는 還許라 하고 논파를 奪·遣·往 또는 不許라고 한다. 그런데 원효에 의하면 龍樹의 中觀論, 十二門論 등은 諸執을 遍破하여 破를 또한 破하는 데 그치고 能破所破를 還許하여 살리지 못하니 이것은 往만 아는 不遍論이다. 그리고 미륵의 瑜伽論, 無着의 攝大乘論 등은 深淺을 通立하고 法門을 判釋하였으나 스스로 立法하는 바를 融遣하지 못하니 이것은 與만 알고 奪을 모르는 논이다. 여기에 모든 논쟁이 그치지 않는 이유가 있다. 破 즉 奪에 執한 것이 전자라면 立 즉 與에 執한 것이 후자다. 그러나 馬鳴의 大乘起信論은 정립하면서도 自遣하지 않음이 없고 논파하면서도 還許하지 않음이 없다. 여기서 還許는 往 즉 논파가 極하여 遍立함을 顯示함이요 自遣은 與 즉 許가 궁하여 奪함을 밝힘이니 이것이야말로 諸論의 祖宗이요 群諍의 評主라고 한다.

> 永息萬境, 遂還一心之源, 其爲論也, 無所不立, 無所不破, 如中觀論十二門論等, 遍破諸執, 亦破於破而不還許能破所破, 是謂往而不遍論, 其瑜伽論攝大乘等, 通立深淺, 判於法門, 而不融遣自所立法, 是謂與而不奪論也, 今此論者, …無不立而自遣, 無不破而還許, 而還許者顯往者往極而遍立, 而自遣者明此與者, 窮與而奪, 是謂諸論之祖宗, 群諍之評主也(大乘起信論別記 전집 제7책 1~2장)

형식 논리의 分別知에 집착한다면 이것은 논파되어야 할 것이나 그러한 分別知가 지양된 一味平等의 입장에서 보면 그 모두가 되살려져 허용된다는 이른바 立破·與奪·許不許가 자유자재한 원효의 和諍의 논리인 것이요 원효가 起信論을 群諍의 評主로까지 중요시하여 국내외를 막론하고 海東疏라는 애칭으로 전하여오는 훌륭한 疏를 지었음도

起信論 속에 그의 말과 같이 立破와 與奪의 和諍的 방법을 발견할 수 있어서 三論이나 唯識보다 우월한 점이 있다고 생각되었기 때문이라고 짐작된다.

'海東疏' 외에도 起信論에 관한 원효의 업적으로 別記·宗要·私記·料簡 등 많은 종류가 있었음을 생각하면 그가 起信論 연구에 얼마나 심혈을 기울였는가 알 수 있다.

≪大乘起信論≫은 본래 그의 원저자 馬鳴의 말에 의하면 중생의 根行이 各異함을 따라 그중 廣論多文한 것을 번거롭게 생각하고 總持의 少文으로써 多義를 攝하는 것을 좋아하는 사람들을 위하여 如來의 廣大深法의 無邊義를 총괄코자 지은 것이라고 하거니와 원효 자신이 또한 간략하고도 명쾌한 문장 속에 심오하며 풍부한 의의를 담는 것을 즐겼던 만큼 그러한 점에서도 공명되어 이 起信論을 좋아하였음직한 일이요, 나아가 和諍의 논리적 형태를 갖추어 요점을 대번에 찌름으로써 일목요연한 논술들을 전개할 수 있었다고 하겠다.

僧朗의 三論宗이 中論·十二門論 등에 입각한 것이라면 원측의 唯識思想은 解深密經을 비롯하여 瑜伽論이나 攝大乘의 사상 계통에 가까운 것이라고 할 수 있다. 이로써 미루어볼 때 원효는 바로 三論과 唯識의 사상을 그의 和諍의 논리로써 지양한 것, 다시 말하면 僧朗과 원측의 사상을 보다 심오한 근본적이며 전체적인 입장에서 화합시킴으로써 장차 전개하여야 할 한국 불교, 나아가 전 불교 사상의 올바른 방향을 명시한 것이다. 그리고 그것이 다름아닌 立破와 與奪의 자유로운 구사에 착안한 원효의 논리적인 두뇌와 역량의 소치이었음을 주의하게 된다.

同異와 有無

爭論은 집착에서 생기는 것이다. 여러 이견의 쟁론이 생겼을 때 만일 有見과 같이 설한다면 空見과 다를 것이요 만일 空執과 같이 설한다면 有執과 다를 것이다. 그리하여 所同所異가 논쟁만 더욱 야기할 것이다. 그렇다고 또 同異의 둘을 같다고 한다면 자기 속에서 相諍할 것이요, 同異의 둘이 다르다면 그 둘과 더불어 相諍하게 될 것이다. 그러므로 同도 아니요 異도 아니라고 설한다. 同이 아니라고 함은 말 그대로 모두를 不許하기 때문이요 異가 아니라고 함은 뜻을 밝혀 許하지 않음이 없기 때문이다. 異가 아니라고 하는 만큼 그의 情에 어긋나지 않고 同이 아니라고 하는 만큼 도리에 어긋나지 않는다. 그리하여 정에 있어서나 理에 있어서나 서로 불가분의 관계에 있어서 어긋나지 않는 것이다. 이른바 理事無礙를 논리적으로 剔抉하고 있는 대목이라고 하겠다.

> 若諸異見諍論興時, 若同有見而說, 則異空見, 若同空執而說, 則異有執, 所同所異彌興其諍, 又復兩同彼二則自內相諍, 若異彼二則與二相諍 是故非異而說, 非同者, 如言而取, 皆不許故, 非異者, 得

意而言, 无不許故, 由非同故, 不違彼情, 不違道理, 於情於理, 相望不違(金剛三昧經論, 東大 영인본 147~8면)

본래가 平等一味이므로 성인이라고 다를 수 없는 일이요, 有通有別이므로 성인이라고 같을 수 없는 것이다. 같을 수 없는 것은 同에 즉하여 다름이요 다를 수 없는 것은 異에 즉하여 같음이다. 同이라고 함은 同을 異에서 辨함이요 異라고 함은 異를 同에서 밝힘이니, 異를 同에서 밝힘은 同을 쪼개서 異가 됨이 아니요 同을 異에서 辨함은 異를 말살하여 同이 되는 것이 아니다. 바로 同은 異를 말살함이 아니므로 同이라고 說할 수 없는 것이요 異는 同을 쪼개는 것이 아니므로 異라고 설할 수 없는 것이다. 단지 異라고 설할 수 없으므로 同이라고 설할 수 있는 것이요 同이라고 설할 수 없으므로 異라고 설할 수 있을 따름이다. 따라서 說과 不說은 二도 아니요 구별이 있는 것도 아니다.

平等一味故, 聖人所不能異也, 有通有別故, 聖人所不能同也, 不能同者卽同而異也, 不能異者卽異而同也, 同者辨同於異, 異者明異於同, 明異於同者, 非分同爲異也, 辨同於異者, 非銷異爲同也, 良由同非銷異, 故不可說是同, 異非分同, 故不可說是異, 但以不可說異, 故得說是同, 不可說同, 故可得說是異耳, 說與不說, 无二无別矣(金剛三昧經論, 東大 영인본 95면)

이것은 같은 和諍의 논리를 구명 전개하는 것인 만큼 立

破·與奪·許不許에 관한 논법과 다를 리 없음은 말할 나위 없거니와 다시금 諸門과 佛性과의 관계에 대한 논법에 있어서도 마찬가지임을 볼 수 있다. 그것은 諸門에 의하여 佛性이 나타나는 것이나 門이 다름을 따라 別性이 있는 것이 아니므로 다름이 있을 수 없는 만큼 一이 있다고도 할 수 없다. 一이 아니므로 능히 諸門에 해당하는 것이요 異가 아니므로 諸門은 一味인 것이다.

> 是心名爲佛性, 但以諸門顯此一性, 非隨異門而有別性, 卽無有異, 何得有一, 由非一故能當諸門, 由非異故諸門一味(涅槃經宗要, 전집 제1책 66장)

一이라 함도 多에 대한 一이요, 異가 있을 수 없다면, 즉 多가 있을 수 없다면 一도 있을 수 없다는 것이다. 즉 異와 구별되는 一이라면 벌써 異 즉 多를 전제하는 것이라고 하겠다. 위에서 同을 異에서 辨하고 異를 同에서 밝힌다고 한 논법과 다름이 없는 것이니 一을 多에서 辨하고 多를 一에서 밝힌다고 하여 무방할 것이다. 이것은 眞俗의 관계, 色空의 관계에 있어서도 다를 바 없다. 그러므로 이러한 和諍의 논리에 대하여 義天의 圓宗文類에는 不壞의 眞은 俗을 밝히고 還因의 色은 空을 辨한다는 讚이 남아 있거니와[3] 이것은 또한 위에서 往이 極하여 遍立을 顯示하고 與가 窮하여 奪을 밝힌다고 한 것과 논법에 있어서 다름이 없는 표현이요 하나같이 和諍의 논리에 있어서의

相互滲透하며 相互轉換하는 妙理를 剔抉하고 있는 것이다.

實性은 相도 性도 떠난 것이므로 諸門에 無障無礙인 것이다. 相을 떠난 것이므로 不垢不淨, 非因非果, 不一不異, 非有非無 卽 不許의 奪을 하는 것이요 性을 떠난 것이므로 亦染亦淨, 爲因爲果, 亦一亦異, 爲有爲無 즉 皆許의 與가 가능한 것이다. 그리하여 染淨이 있기에 혹은 중생이라 하고 生死라 하며 또는 如來라 하고 法身이라 한다. 因과 果가 되므로 혹은 佛性이라 하고 如來藏이라 하며 혹은 菩薩이라 하며 大涅槃이라 한다. 뿐만 아니라 有가 되고 無가 되므로 二諦라 하는 것이요 有도 아니고 無도 아니므로 中道라고 한다. 一이 아니기 때문에 諸門이 가능한 것이요 異가 아니기 때문에 諸門이 一味인 것이다.

> 實性離相離性故, 於諸門無障無礙, 離相故, 不垢不淨, 非因非果, 不一不異, 非有非無, 以離性故, 亦染亦淨 爲因爲果, 亦一亦異, 爲有爲無, 爲染淨故, 或名衆生, 或名生死, 亦名如來, 亦名法身, 爲因果故, 或名佛性, 名如來藏, 或名菩薩, 名大涅槃, 乃至爲有無故, 名爲二諦, 非有無故, 名爲中道, 由非一故, 能當諸門, 由非異故, 諸門一味(涅槃經宗要, 전집 제1책 21장)

大涅槃은 離相·離性·非空·非不空·非我·非無我인 것이다. 無性을 떠났으므로 非空인 것이요 有性을 떠났으므로 非不空인 것이다. 또 有相을 떠났으므로 非我라고 설하는 것이요 無相을 떠났으므로 非無我라고 설한다. 無我가 아니므로 大我라고 說할 수 있는 것이요 我가 아니므로 또한 無我라고 설하는 것이다. 또 空이 아니므로 實有라고 할 수 있는 것이요 不空이 아니므로 虛妄이라고 설할 수 있는 것이니 如來秘藏의 뜻이 이와 같은지라 거기에 무슨 異諍이 있을 수 있겠는가 한다.

> 大涅槃離相離性, 非空非不空, 非我非無我, 何故非空, 離無性故, 何非不空, 離有性故, 又離有相故說非我, 離無相故, 說非無我, 非無我故, 得說大我, 而非我故, 亦說無我, 又非空故, 得言實有, 非不空故, 得說虛妄, 如來秘藏其義如是, 何密異諍於其間哉(동상 29장)

佛道는 廣蕩한지라 無礙無方하며 길이 所據할 바가 없어 해당하지 않음이 없으므로 일체의 他義가 모두 佛義인 것이요 百家之說이 옳지 않음이 없고 八萬法門이 모두 이치에 맞는 것이다. 그런데 스스로 들은 것이 적은 사람이 그처럼 좁은 소견으로 자기의 견해에 찬동하는 자는 옳다고 하고 견해를 달리하는 자는 그르다고 하니 이것은 마치 갈대 구멍으로 하늘을 본 사람이 그 갈대 구멍으로 하늘을 보지 않은 사람들을 모두 하늘을 보지 못한 자라고 함과 같다. 이것이야말로 少를 믿어 多를 비방하는 어리석음이다. 有에 집착하는 것을 增이라 하고 無를 취하는 것을 損이라 하거니와 원효가 宗으로 하는 바는 有無를 같이 부정하여 숙연히 의거하는 바가 없다고 한다. 開한다고 增함이 없고 合한다고 損함이 없다고 하는 이유가 여기에 밝혀진다고 하겠다. 그러기에 해당하지 않음이 없는 것이다.

> 佛道廣蕩, 無礙無方, 永無所據, 而無不當, 故曰一切他義, 咸是佛義, 百家之說, 無所不是, 八百法門, 皆可入理, 而彼自少聞, 專其樣狹見, 同其見者, 乃爲是得, 異其見者, 咸謂脫失, 猶多有人輦管窺天, 謂諸不窺其管者, 皆是不見蒼天者矣, 是謂恃小誹多愚也, …執有日增, 取無日損, 我所趣宗, 有無俱遣, 肅然無據(菩薩戒本持犯要記, 전집 제5책 5장)

이처럼 增減이 없는, 따라서 立破도 與奪도 自在한 논법이, 위에서 본 바와 같이 곧 원효의 和諍의 논리이거니와 與 즉 許는 自性이 청정하여 본래 오염이 없기 때문이요 奪 즉 不許는 他染에 의하여 別境이 있기 때문이라고 한다.

> 與者, 就自性淨本無染故, 奪者, 約隨他染有別境故(金剛三昧經論, 東大 영인본 159면)

佛道의 도됨을 무엇이라고 할 것인가? 有라고 할 것인가? 하나같이 이것으로 말미암아 空인 것이다. 그러면 無라고 할 것인가? 만물이 이것으로써 생겨나는 것이다. 어떻게 말하면 좋을지 몰라서 억지로 도라고 한다.

> 大佛道之爲道也, 將謂有耶, 一如由之而空, 將謂無耶 萬物用之

而生, 不知何以言之, 强爲道(起信論 海東別記序, 전집 권7 1장)

그리하여 실로 有라고 하여도 空과 다름이 없는 有요 有에 墮하지 않는다고 하여도 空과 다른 有에 墮하지 않는다는 것이니 따라서 俱許되는 것이요 상위하는 것이 아니다. 그렇지 않은 것이 아니므로 俱許가 가능한 것이요 또 그런 것이 아니므로 모두 不許하는 것이니 이 그렇지 않음이 그러함과 다름이 없다.

前說實是有者, 是不異空之有, 後說不墮有者, 不墮異空之有, 是故俱許而不相違, 由非不然, 故得俱許, 而亦非然, 故俱不許, 此之非然, 不異於然(和諍論 전집 제10책 37장)

여기에 이르러 和諍의 논리는 不然과 然의 관계에까지 전개된다.[4] 조선시대 후기 동학의 崔水雲은 그의 ≪東經大全≫에서 不然其然을 설한 바 있거니와 원래 儒佛仙 三敎를 종합 대성하여 이루어진 것이 동학이라고 하는 만큼 그 사상 근저에 혹시 和諍의 논리와 일맥상통하는 점을 발견할 수 있을는지 모를 노릇이다.

㈜
3) 不壞眞明俗, 還因色辨空(圓宗文類 和諍篇, 續藏經 제3편 8투 제5책 420면)
4) 不然과 然에 관하여 다음과 같이 논한 것도 있다.
   佛性之體正是一心, 一心之性遠離諸邊, 遠離諸邊故, 都無所當, 無所當故, 無所不當, 所以就心論, 心非因非果, 非眞非俗, 非人非法, 非起非

伏, 如其約緣論, 心爲起爲伏, 作法作人, 爲俗爲眞, 作因作果, 是謂非然
非不然義, 所以諸說皆非皆是(涅槃經宗要, 전집 제1책 50장)

離 邊 非 中

有도 아니고 無도 아니요 二邊을 멀리 떠날 뿐만 아니라
나아가 中道에도 집착하지 않는 것이 和諍의 논리다. 만일
無가 아니라면 有에 墮하고 有가 아니라면 無에 해당한다.
만일 無가 아니면서 有일 수 없고 有가 아니면서 無에 墮
하지 않는다면 무거우면서도 밑으로 가라앉지 않고, 가벼
우면서도 위로 뜨지 않는다고 함과 같은지라 이것은 말이
있으되 實이 없음이니 이러한 형식 논리적 분별은 결국 諸
邊으로 墮하는 것이다. 혹은 實有에 집착하여 增益邊에 墮
하고 혹은 空無에 집착하여 損減邊에 墮하며 혹은 俗은 有
요 眞은 空이라 하여 二邊에 존재한다면 相違論에 墮한다.
혹은 有도 아니고 無도 아니라 하여 하나의 中邊에 집착하
면 愚癡論에 墮한다.

非有非無, 遠離二邊, 不著中道, …若實非無, 便墮於有, 如其非
有, 則當於無, 若言非無而不得有, 非有而不墮無, 則同重二不低,
輕而不擧, 故知是說有言無實, 如是稱量, 則墮諸邊, 或執依他實有,
墮增益邊, 或執緣生空無, 墮損減邊, 或計俗有眞空, 雙負二邊, 墮
相違論, 或計非有非無, 著一中邊, 墮愚癡論(遊心安樂道, 전집 제
10책 10장)[5]

邊을 떠나지만 中이 아니고 中이 아니지만 邊을 떠나는 고로, 不有의 法은 無에 住하는 것이 아니요 不無의 相은 有에 住하는 것도 아니다. 一이 아니면서 二를 融하는 것이므로 眞이 아닌 事라고 하여 俗이 되는 것이 아니요, 俗이 아닌 理라고 하여 眞이 되는 것도 아니다. 二를 融하되 一이 아니므로 眞俗의 性이 정립되지 않음이 없고 染淨의 相이 구비되지 않음이 없다. 邊을 떠나지만 中이 아니므로 有無의 法이 생기지 않는 바가 없고 是非의 뜻이 周延하지 않음이 없는 것이다. 그리하여 破함이 없으면서도 破하지 않음이 없고 정립함이 없으면서도 정립하지 않음이 없으니 일러 無理의 至理요 不然의 大然이라는 것이다.

離邊而非中, 非中而離邊故, 不有之法, 不卽住無, 不無之相, 不卽住有, 不一而融二故, 非眞之事, 未始爲俗, 非俗之理, 未始爲眞也, 融二而不一故, 眞俗之性, 無所不立, 染淨之相, 莫不備焉, 離邊而非中故, 有無之法, 無所不作, 是非之義, 莫不周焉爾, 乃無破而無不破, 無立而無不立, 可謂無理之至理, 不然之大然矣(金剛三昧經論, 東大 영인본 1~2면)

과연 비합리의 합리, 비합리의 논리가 和諍의 논리인 것이다.

주

5) 여기에 인용한 若實非無 이하 똑같은 글이 無量壽經宗要, 전집 제2책 17장에도 있다.

一味와 絕言

有爲無爲는 幻化와 같이 둘이 아닌 것이요 無生無相은 내외를 총괄하여 같이 泯滅하는 것이니 같이 泯滅함은 二縛을 벗어나 苦를 떠남이다. 無二라 함은 一味를 같이하여 澹然하므로 시간적으로 또는 공간적으로 거침이 없는 것이다.

> 有爲無爲, 如幻化而無二, 無生無相, 括內外而偕泯, 偕泯之者, 脫二縛而懸解, 無二之者, 同一味而澹神, 故能遊三世而平觀, 流十方而現身(解深密經疏序, 전집 제10책 52장)

원효에 의하면 쟁론이 생기는 것은 여러 가지 경우가 있다 하겠으나 두 가지에 불과한 것이니, 常住에 집착하는 것과 無常에 집착하는 것이 그것이다. 그러나 報佛功德은 相도 떠나고 性도 떠난 것이라 相을 떠났으므로 生滅相을 떠나 究竟 寂靜하여 無爲無作이므로 常住라고 설한다. 性을 떠남으로써 常住性을 떠나 가장 喧動을 極하여 無所不爲이므로 無常이라고 한다. 그러나 離性은 無二無別이요 離相은 離性과 다른 것이 아니므로 常住는 生滅을 막는 것이 아니고 離性은 離相과 다른 것이 아니므로 生滅은 常住의 장애가 아니다. 이 도리에 의하여 常住와 無常의 두 說이 모두 옳은 것이다.

> 爭論之興, 乃有多端, …別起之諍, 不過二途, 謂執常住及執無常 (涅槃經宗要, 전집 제1책 44~5장)
>
> 報佛功德, 離相離性, 以離相故, 離生滅相, 究竟寂靜無作無爲, 故說常住, 然離性無二無別, 離相不異於離性, 故常住不妨於生滅也, 離性不異於離相, 故生滅不礙於常住也, 由是道理 二說皆得 (동상 48장)[6]

그리하여 涅槃의 실제와 世間際의 二際는 毫釐도 異를 許함이 없다고 하며 따라서 중생과 佛性은 不一不二인 것이요 諸佛平等은 虛空과 같은 것이니 모든 중생도 佛性을 같이 가지고 있다. 만일 一分이라도 佛性이 없다면 大乘平等法性에 어긋남이니 同體大悲는 如海一味라고 한다.

> 涅槃之實際, 乃與世間際, 如是二際者, 無毫釐許異(十門和諍論, 전집 제10책 38장)
>
> 衆生佛性不一不二, 諸佛平等猶如虛空, 一切衆生同共有之, …一切衆生同有佛性, …若立一分無佛性者, 則違大乘平等法性, 同體大悲如海一味(동상 40장)

원효는 심지어 涅槃이라는 말의 번역에 있어서까지 동일한 논법으로 여러 종류의 번역이 모두 옳다고 한다. 즉 密語와 顯了語가 있는데 顯了語에 의하면 바로 滅度라고 번역하게 되는 것이요 密語에 의하면 不識·不覆·不去不來·不取·無不定·無新·無障礙·無有·無和合·無苦 등 십 종이나 되는 많은 訓을 내포하고 있어서 도리를 따라

설이 모두 옳은 것이라고 한다.

> 涅槃之名卽含二義, 所謂密語及顯了語, 依顯了語正齓滅度, 如初師說, 若依密語, 卽含多訓, 如後師訓, 由是道理, 二說悉得(涅槃經宗要, 전집 제1책 23장)

그러므로 일괄하여 결론을 짓는다면 所設의 諸難, 즉 모든 이율배반적인 견해가 모두 도리가 있는 것이요, 도리가 있으므로 모두가 無不許요, 無不許이므로 통하지 않는 바가 없다는 것이다.

> 故通曰, 所設諸難, 皆有道理, 有道理故, 悉無不許, 無不許故, 無所不通(二障義, 전집 제9책 57장)

그러나 원효는 다시금 형식 논리의 分別知에 구애하는 자가 제기함직한 질문을 가상하여 和諍의 논리의 진의가 絶言之法에 있음을 밝힌다. 만일 참으로 有라고 한다면 無와는 다른 것이니 마치 牛角이 兎角과 같지 않다 하겠고, 만일 空과 다른 것이 아니라면 틀림없이 有가 아니니 마치 兎角이 空과 다를 것이 없음과 같다. 이제 有이면서 空과 다르지 않다고 하니 세간에 그런 유가 없는지라 어떻게 하여 성립할 수 있겠는가? 그러한 가상된 질문에 답하여 원효는 이런 질문자가 취하는 바가 오직 名言뿐이라고 하여 원효 자신의 방법은 言說에 부쳐 絶言의 法을 제시함이라고 한다. 이것은 마치 손가락에 의하여 손가락을 떠난 달을 가리킴과 같다. 그런데 이제 질문자가 곧장 말 그대로 뜻을 취하여 말로 하는 비유를 인용한다면 言法을 떠나기 힘들 것이요 단지 손가락 끝만 보고 그것이 달이 아님을 책하는 것인 만큼 難을 책함이 더욱 정밀할수록 더욱 멀리 理를 잃어버릴 것이다.

問 : 若實是有, 則異於無, 喩如牛角, 不同兎角, 若不異空, 定非是有, 喩如兎角, 無異於空 今說是有, 而不異空, 世間無類, 如何得成…… 答 : 如汝所取, 但是名言, 故我寄言說, 以示絶言之法, 如寄手指, 以示離指之月, 汝今直爾, 如言取義, 引可言喩, 難離言法, 但看指端, 責其非月, 故責難爾精, 失理彌遠矣(十門和諍論, 전집 제10권 37장)

그리하여 원효는 眞俗이 동등하므로 思議路絶이라(起信論海東別記序, 전집 제7책 1장) 하기도 하고 諸法甚深을 드러내고자 하거든 離言絶慮할 것이요 형식 논리적으로 따지고 생각하여 말 그대로 뜻을 취함은 불가하다(遊心安樂道, 전집 제10책 10장)고 하기도 한다.

諸佛世尊은 煩惱가 없는 만큼 斷하는 바도 없다. 이처럼 斷하는 바가 없는 자를 無上士라고 하는 것이므로 佛을 無上士라고 부른다. 또 上士라는 것은 諍訟을 하는 것을 이름이요 無上士라는 것은 諍訟이 없다. 如來는 諍訟이 없다. 그러므로 佛을 無上士라고 부르는 것이다.

諸佛世尊無有煩惱, 故無所斷, 是故號佛爲無上士, 又上士者, 名爲諍訟, 無上士者, 無有諍訟, 如來無諍, 是故號佛爲無上士(瓔珞本業經疏, 전집 제4책 38장)

和諍이 지향하는 바 극치는 無諍에 있음을 알 수 있다.

논리라면 대번에 형식 논리를 연상하는 것이 예사이지만 원효는 그를 包越하여 그대로 살리면서 넘어선 和諍의 논리를 자유자재로 구사한 것이다. 언뜻 보기에 서구의 변증법과도 같으나 이것은 생성 발전의 역사적 과정을 밝히려는 것이 그의 주요한 안목이므로 거기에 쉽사리 동일시할 수 없는 차이점이 있는 것이 아닌가 추측된다. 그러나 서구의 변증법이라는 것도 내실에 있어서 모두가 한결같은 것이 아니요 간단하게 일괄하여 피차를 비교한다는 것도 삼가야 할 일 같기도 하다. 和諍의 논리와 변증법과의 관계는 장차 제기될 때가 오고야 말 중요한 과제인 것이 틀림없다.

여하간 和諍의 논리는 원효의 철학을 일관하고 있는 방법이다. 決擇이 요연하면서도 無所不許의 넓이와 一味絶言의 깊이를 간직한 사상적 위대성이 거기에 형성된 것이다. 원효의 업적은 일찍이 그의 진가가 당나라에 알려져 널리 연구되었음이 사실이거니와 특히 華嚴經探玄記와 起信論義記 등을 지은 華嚴宗의 大成者 賢首의 사상적 태도에 많은 영향을 주었음은 무엇보다도 和諍의 심오하고도 정연한 논리가 그를 움직였으리라고 짐작된다.[7]

和諍의 논리를 주제적으로 다루었으리라고 생각되는 원효의 十門和諍論은 그의 생존 당시에 있어서 이미 높이 평가되어 세인의 칭탄을 받았다.

 十門和諍論, 衆莫不允, 僉曰善哉(高仙寺 誓幢和上塔碑文, 全集 제10책 58장)

이 十門和諍論은 국내에서뿐만 아니라 이 역시 唐土에 전하였다고 다시 그 당시 唐에 왔던 인도 陳邦의 門徒에 의하여 인도에까지 전파된 것 같다.

 元曉和諍論制作, 陳邦門徒, 唐土來, 有減後取彼論歸天竺國(順高撰 起信論本疏 聽集記 권제2 말, 日本佛敎全書 제92권 103면)

현존 高仙寺 誓幢和上塔碑文은 缺字가 많아 앞뒤의 문맥을 밝히기 곤란한 대목이 많으나,

 ……讚歎婆娑, 飜爲梵語, 便附口人, 此口言其三藏寶重之由也 (高仙寺 誓幢和上塔碑文, 전집 제10책 58장)

라고 한 것으로 미루어 혹은 위의 陳邦門徒가 가지고 간 十門和諍論에 관한 말이 아닐까 추측되기도 한다. 혹은 바로 이 글 위에 華嚴宗要 운운하였으니 이것, 또는 기타의 것이 그리되었다는 것인지도 미상이긴 하나 설사 원효의 그 어느 저술이었든지간에 그 근본 사상이 和諍에 있었음

은 물론이요 和諍의 논리에 의하여 이루어진 것인 이상 그 논법의 내용이 대단히 훌륭하고 고맙게 생각된 나머지 찬탄하고 踊躍하여 범어로 번역하여 인도로 전해진 것이라고 보아 거의 틀림이 없음직하다.

그러나 이것 또한 他日의 연구에 기대하여야 할 재미있는 과제의 하나라고 함이 옳을 것이다.

㊟
6) 간단히 다음과 같이 말하기도 한다. 若決定執一, 皆有過失, 如其無障礙說, 俱有道理(涅槃經宗要, 전집 제1책 48장)
7) 趙明基 박사는 賢首를 당나라 智儼의 직계라기보다도 기실은 원효 사상의 전통자라 할 수 있다고 하였다. (新羅佛敎의 理念과 歷史 205면 참조)

2 覺의 원리

 원효는 大乘起信論을 중요시하여 그에 관한 연구를 여러 종류의 저술로써 나타내었다. 그 중에서도 論疏는 海東疏라고 애칭되어 당나라 法藏의 起信論義記와 圭峰의 主疏에 있어서 참고 인용되었으며 淸凉寺 澄觀이 또한 法藏으로부터 원효의 疏義를 전수하였음은 널리 알려져 있다. 그런데 그 大乘起信論의 철학적 내용의 초점은 覺의 이론인 것이요 다음에 밝히려는 本覺과 始覺을 樞軸으로 하여 전개된다고 하겠다. 無明의 長夢으로부터 깨어 始覺이 원만하여질 때 그것이 다름아닌 本有의 本覺임을 깨우치려는데 있다고 하여 무방하다.

 또 원효의 업적의 하나인 金剛三昧經論은 보통이면 疏라고 함이 온당할 것인데 오히려 당나라 사람들에 의하여 '論'이라는 칭호로 불려 올 정도로 그의 의의가 높이 평가된 저술이요, 원효의 전기에 있어서 저작의 유래가 신비성을 띤 일화와 더불어 매양 특서되곤 하는 터이다. 그것은 여하간에 우리의 주의를 끄는 것은 소(牛)의 兩角 사이에 筆硯을 준비해놓고 시종 牛車 위에서 저술하였다고 전하는 점이다. 이것은 과연 무엇을 의미하는 것인가?

謂使人曰, 此經以本始, 二覺, 爲宗, 爲我備角乘, 將案几在兩角
之間, 置其筆硯, 始終牛車, 造疏成五卷(贊寧撰 黃龍寺元曉傳, 金
剛三昧經論 東大 영인본 321면)[1]

撰三昧經疏, 置筆硯於牛之兩角上, 因謂之角乘, 亦是本始二角之
微旨也(三國遺事 권4 원효불패 조)

이 역시 本覺과 始覺, 兩覺으로써 이론 전개의 기반으로
하였음을 알 수 있다. 金剛三昧經論 속에서 원효 자신 '智
卽本始兩覺'(金剛三昧經論 2면)이라고 하고 있다.

和諍의 논리를 원효의 철학의 방법적인 면이라고 할 수
있다면 本始의 兩覺을 구축으로 하여 전개되는 覺의 논리
는 원효의 철학의 내실을 제시하는 것이라고 하겠다. 그러
나 내실 자체의 전개하는 모습이 다름아닌 논리인 이상,
和諍의 논리가 覺의 원리와 遊離하여 있을 리는 없다.

원효에 의하면 대승에 있어서는 일체 諸法이 각기 다른
본체를 가지는 것이 아니요 오직 一心을 그 자체로 삼는
것이므로 衆生心이 그대로 곧 法이다. 이처럼 諸法自體를
唯是一心이라고 하는 점이 일체 諸法이 각기 본체를 달리
가지고 있다고 하는 小乘과 다른 대목이요, 따라서 一心을
大乘法이라고 한다는 것이다.(海東疏 전집 제6책 13장 참
조)

그러면 一心이란 무엇인가? 染淨諸法이 그 性은 無二요
眞妄의 二門이 다를 수 없으므로 一이라고 하는 것이요,
諸法의 中實함이 허공과는 같지 않아 性이 스스로 神解를

가지고 있으므로 心이라고 하는 것이다. 그러나 이미 二가 있는 것이 아니라면 어찌하여 一이 있다고 할 수 있겠는가? 그리하여 一이 있을 수 없다면 一心이라고 할 수도 없지 않는가? 이처럼 도리가 離言絶慮하여 무엇이라고 할 수 없는 것을 억지로 一心이라고 한다.

何爲一心, 謂染淨諸法, 其性無二, 眞妄二門不得有異, 故名爲一, 此無二處, 諸法中實, 不同虛空, 性自神解, 故名爲心, 然旣無有二, 何得有一, 一無所有, 就誰曰心, 如是道理, 離言絶慮, 不知何以目之, 强號爲一心也(海東疏, 전집 제6책 15장)

一心의 體는 본래 寂靜한 것인고로 決定性地라고 하는 것이요(金剛三昧經論 126면) 이 결정성은 眞如性이라고도 하여 不可破壞性이다.(동상 120면) 眞如의 眞은 眞實不易 不生不滅의 항구적인 본체가 不可破壞임을 말함이요, 如는 一如平等하여 보편 무차별함을 의미한다.

이러한 性自神解의 一心은 그 자체가 大智慧光明을 가지고 있다. 어둡지 않은 데 그치는 것이 아니고 지혜의 광명이 있어서 法界를 徧照하되 平等無二하다. 이것을 一心이 본래 가지고 있는 覺 즉 本覺이라고도 한다.

言覺義者, 卽有二種, 謂本覺始覺, 言本覺者, 謂此心性, 離不覺相, 是覺照性, 名爲本覺, 如下文云, 所謂自體有大智慧光明義故(海東別記, 전집 제7책 12장)

그러나 無明[2]이라는 不覺의 힘이 있어서 여러 가지 妄念이 생김에 따라 生滅의 相이 전개된다. 이것을 生滅門이라고 하여 自體本覺의 眞如門과 구별한다. 그리고 이 生滅門에 있어서는 如來의 性이 숨고 나타나지 않기 때문에 如來藏이라고 한다.

　　此一心體是本覺 而隨無明動作生滅, 故於此門, 如來之性, 隱而不顯, 名如來藏(海東疏 전집 제6책 15장 및 海東別記, 전집 제7책 14장)

無明의 不覺에 의하여 本覺이 熏習되어 染法이 생기기는 하나 本覺이 없어지는 것은 아니다. 寂然不動인 채 神解의 性은 본래와 다름이 없는 것이다.

　　隱理不顯, 是如來藏性, 寂不動(金剛三昧經論 55면)
　　隨無明風作生滅時, 神解之性, 與本不異, 不生滅與生滅, 和合非一非異, 故總名爲阿梨耶識(海東疏, 전집 제6책 20~21장)

無明이라는 바람이 바다에 波浪을 일으키는 것이지만 波浪이 바닷물의 본성은 아니다. 바닷물의 본성인 정적은 숨어 있다는 것이다. 바람과 바닷물의 합작으로 波浪이 생기는 것인 만큼 파랑인 第八識, 즉 阿梨耶識은 그의 總名인 것이요 그것이 곧 生滅門에 속한다.

根本不覺인 無明風[3]에 의하여 心源이 動하여 妄念을 일

으킴으로써 業識이 생기고 이 妄念이 다시 無明을 熏習하여 轉識의 能見相을 일으키며 現識의 妄境界를 나타낸다. 業識·轉識·現識을 三細라 하여 第八識인 阿梨耶識에 있어서의 位別로 다룬 것이 원효요 그를 답습한 것이 法藏이다.

境界風(주 동상)이 다시금 現識을 熏習하여 智識 즉 第七識의 분별상이 전개되는 것이요, 이로부터 六麤가 시작되어 相續識 이하 의식의 種種 妄執相에 사로잡히게 된다. 一心의 본체는 다름아닌 本覺이요 無明은 根本不覺인 데 대하여 三細의 第八識과 六麤의 나머지 七識으로 이루어지는 일체의 染法을 枝末不覺이라고 한다. (海東疏, 전집 제6책 31~34장, 43~45장 참조) 麤中之麤가 곧 凡夫의 경계요, 行蘊所造의 業으로 말미암아 苦相을 초래한다.

根本不覺인 無明風 내지 枝末不覺인 境界風의 熏習으로 生滅門의 波浪이 전개되는 것이나 그렇다고 眞如의 본체가 없어지는 것은 아니다. 眞如門이나 生滅門이 비록 二門이라고 하나 體自體가 다른 것이 아니요 따라서 일체 諸法이 唯一心인 동시에 그대로 衆生心이었던 것이다.

그리하여 無明의 不覺이 眞如의 本覺을 熏習하여 모든 染法이 생기는 것과 마찬가지로 眞如의 本覺이 無明의 不覺을 熏習하여 모든 淨法이 생긴다. 一心의 본체가 無明의 緣을 따라 動作妄念하는 것이나 本覺熏習의 힘에 의하여 적이 覺用을 가지게 되어 급기야 究竟에 이르러 다시 本覺과 같아진다. 이것이 바로 始覺이다.

> 言始覺者, 卽此心體, 隨無明緣, 動作妄念, 而以本覺熏習力故, 梢有覺用, 乃至究竟, 還同本覺, 是名始覺(海東別記, 전집 제7책 13장)

凡夫人은 滅相의 不善함을 覺知는 하되 바로 그 滅相이 夢幻임을 깨치지 못하는 만큼 斷惑이 불가능하다. 그러나 점차로 一心의 本源을 향하여 如實修行하여 방편을 충족하므로 波浪의 和合識相이 破하고 相續心相이 滅하여 法身이 顯現하며 따라서 淳淨이 還得된다. 여기에 始覺은 곧 本覺과 等同無別한 究竟覺에 이르러 朗然大悟 自心이 본래 動하는 바 없음을 覺了하여 生滅의 相을 이탈한다.

本覺의 空寂之心으로 돌아가 能取의 분별이 다시 생기지 않음을 始離라고 하는 데 대하여 本覺의 空寂之心이 본래 能取를 이탈하여 있음을 本離라고 한다. 또 앞서의 所取相이던 것이 인제는 滅除되었음을 遣離라고 하는 데 대하여 앞서의 所取相이 본래 空임을 泯離라고 한다. 이처럼 能取와 所取를 비로소 이탈하였다는 의미에서 始覺이요, 본래가 能取와 所取를 이탈하여 있다는 의미에서 本覺이다.(金剛三昧經論 965면 참조)

本覺은 眞如의 淨法이요, 不覺은 無明의 染法이다. 眞如淨法에 무슨 染인들 있으랴마는 無明의 熏習 때문에 染相을 나타내는 것이요, 無明染法에 본래 淨業이 없는 것이지만 眞如의 熏習 때문에 淨用을 가지게 된다.(東海疏, 전집 제6책 134장)

始覺이 원만하여 一心之源으로 還歸하면 八識이 皆轉하여 모든 波浪이 다시는 일지 않는 만큼 起滅이 없고 動念이 생기지 않아 無不泰然無垢의 경지에 이른다. 이때 一心은 離闇成明, 明白淸淨하여 無影不照하므로 그 경지를 淸淨如瑠璃라고 하는 것이요 大圓鏡智를 나타낸다. 이것을 智地 또는 弘智라고도 한다. 그렇다고 始覺이 무엇을 새로 얻은 것이 아니요 본래의 本覺과 다름이 없는 一覺이다. 그러면서도 이 一覺은 無所不爲이므로 聖力이라 하기도 한다. 이처럼 本覺과 始覺이 平等无二하므로 바로 이것을 摩訶般若라 하는 것이요, 이처럼 般若가 窮源盡性하므로 波羅蜜이라고 한다.

  本覺始覺, 平等无二故, 言卽是摩訶般若, 如是般若, 窮源盡性故, 言波羅蜜(金剛三昧經論 225면)

그런데 원효에 의하면 第八識까지의 모든 覺位는 아직도 生滅이 있어서 心源을 다하지 못한 것이지만 究竟의 妙覺에 이르면 生滅은 永離하고 本覺一心之源에 窮하므로 第九識의 明淨으로 들어간다고 한다. 즉 원효는 究竟의 妙覺인 本覺을 第九識이라고 하여 無明과의 化合識인 第八識과 엄연히 구별한 것이다.

  於九識中, 皎然明淨, 无有諸影者, 前等覺位, 猶有生滅, 未盡心源, 故在八識, 今到妙覺, 永離生滅窮歸本覺一心之源, 故入第九識

中明淨(金剛三昧經論 228면)

離諸雜染, 故言九識流淨, 本覺正是第九識, 故心旡分別, 非境所動, 故風不能動, 不能動故, 染七不生, 故言波浪不起(동상 192면)

能破和合識內生滅之相, 顯其不生不滅之性, 故言破和合識相, 顯現法身(동상 325면)

원효는 眞諦三藏의 九識之意도 金剛三昧經 본문의 '唵摩羅者 是第九識'이라고 한 것에 의하여 전개된 것이라 하여 원효 자신 또한 第九識을 唵摩羅識으로 다루고 있다. 이것은 바로 원측이 그의 深密經疏 제3권에 있어서 第九阿摩羅識이 곧 無垢識이요 다름아닌 本覺임에 언급한 것과 상통하는 것이라고 하겠다.[4]

모든 중생이 同一本覺이므로 一覺이라 하는 것이었으며 諸佛如來가 이 一覺으로써 諸衆生을 覺하게 하여 중생으로 하여금 모두 本覺을 얻게 한다는 것은 能化의 本을 標하는 것이요, 諸識이 轉하여 唵摩羅로 들어간다는 것은 所化의 轉을 標하는 것이라고 하였다.

諸佛如來, 常以一覺者, 是標能化之本, 而轉諸識, 入唵摩羅者, 是標所化之轉(金剛三昧經論 116면)

究竟에 있어서 始覺은 그대로 本覺인 것이요, 그것이 또 다름아닌 唵摩羅識인 것이나 원효는 모든 중생의 本覺之性이 始覺의 所依인 만큼 그 의미에서 本覺之性을 智母라고 하여 양자의 의존 관계를 밝혔다.

　一切衆生, 本覺之性, 始覺所依, 故名智母(瓔珞本業經疏, 전집 제4책 25장)

그러나 원효는 더 깊이 들어가 始覺・不覺・本覺의 상대 관계에 언급하여 결국 無自性・無自相인 그들의 본질을 剔抉하였다.

　始覺待於不覺, 不覺待於本覺, 本覺待於始覺, 旣互相待, 則無自性, 無自性者, 則非有覺, 非有覺者, 由互相待, 相待而成, 則非無覺, 非無覺故, 說名爲覺, 非有自性, 名爲覺也(海東疏, 전집 제6책 22장)
一切染法淨法, 皆悉相待, 無有自相可說(동상 31장)

㊟
1) 이하 인용에 있어서 金剛三昧經論은 東大 영인본의 면수로 출처를 밝히고 海東起信論疏와 同別記는 海東疏 또는 海東別記로 약칭하기로 한다.
2) 無明에 관하여 起信論本文의 '以不達一法界故, 心不相應, 忽然念起, 名爲無明'을 원효는 그의 疏에서 '言心不相應者, 明此無明最極細微, 未有能所王數差別, 故言心不相應, 唯此爲本, 無別染法能細folder於此在其前者以是義故, 說念起(海東疏, 전집 제6책 39면)라고 설명하고 있다.
3) 三種細生減者, 无明風所動故(金剛三昧經 59면)
　三種麤生減者, 境界風所動故(동상)
　無明妄風, 動心海而易漂(海東疏 전집 제6책 1장)
　此三但爲无明所動, 故在第八, 後六乃爲境界所動, 故在七識(海東別記, 전집 제7책 24장)
4) 本稿 圓測의 唯識哲學 4, 독자적인 견해 참조

3 覺의 방법(止觀)

원효는 修行에 五門이 있다고 한다. 一者는 布施의 門이요, 二者는 持戒의 門이요, 三者는 忍辱의 門이요, 四者는 精進의 門이요, 五者는 止觀의 門이다. 그 중 覺의 방법으로서 철학적으로 논의되는 것은 특히 이 止觀의 門이다. 止와 觀을 다시 二門으로 나누어 다루기도 하므로 그때는 六門으로서 그것을 보통 六度라고 한다.

佛의 說한 바 法門이 비록 많으나 初入修行은 止와 觀의 二門 아닌 것이 없다. 入理에 無二함이 마치 城에 四門이 있어서 入門이 비록 하나가 아니나 入城에 無二함과 같다. 그리고 이것은 곧 眞如門과 生滅門에 관련한다. 즉 眞如門에 의하여 止行을 닦고 生滅門에 의하여 觀行을 일으키는 것이기 때문이다. 이 止와 觀이 雙運하여야 萬行이 갖추어지는 것이요, 이 二門으로 들어가면 여러 門에 모두 통달하는 것이다.

> 諸教門雖有衆多, 初入修行, 不出二門, 依眞如門, 而修止行, 依生滅門, 而起觀行, 止觀雙運, 萬行斯備, 入此二門, 諸門皆達(海東疏, 전집 제6책 8장)
> 佛所說法門, 雖有多門, 而不出止觀二門, 謂能融法故, 而體於一如法界故, 名爲止, 雖證於法無非一如, 而能照假有法, 非無道理,

故名爲觀, 雖有多門, 而亦入理無二, 喩如一城有四門, 入門雖非一, 而亦入城無二, 是義亦爾, 若約別門, 雖此門非彼門, 彼門亦非此門, 而若以通門, 攝別門者, 而無非止觀二門, 攝無非止觀也(梵網經菩薩戒本私記, 전집 제5책 13장)

止라고 함은 一切境界相을 止함이다. 앞서 분별에 의하여 諸外塵을 作하였다가 인제 眞如門에 의하여 覺慧로써 外塵相을 破한지라, 塵相이 이미 止하여 無所分別이므로 止라고 하는 것이다. 여기에 無分別智가 이루어진다. 觀이라고 함은 生滅門에 의하여 因緣生滅相이 分別됨을 이름이요, 諸理趣를 觀하는 것이니 여기에 後得智가 이루어진다.

止一切境界相者, 先由分別, 作諸外塵, 今以覺慧, 破外塵相, 塵相旣止, 無所分別, 故名爲止也(海東疏, 전집 제6책 61장)
依眞如門, 止諸境相, 故無所分別, 卽成無分別智, 依生滅門, 分別諸相, 觀諸理趣, 卽成後得智也(동상)

止의 구체적인 修行方法으로 원효는 調身으로서의 端坐와 調心으로서의 正意를 비교적 細論하고 있다. 이제 그 요령을 간단히 말한다면 端坐는 먼저 座處를 安穩하게 하고 正脚이라 하여 일정한 半跏坐 또는 全跏의 자세를 취한다. 왼손의 掌을 오른손 위에 놓고 몸을 端直하게 가진다. 肩骨을 서로 대하게 하되 勿曲勿聳하게 하고 頭와 頸을 바르게 세워 鼻와 臍가 상대하게 하되 不偏不邪, 不仰不卑, 平面正住하게 한다. 正意는 末世行人이 正願者가 적고 邪

求者는 많아 名利를 구하여 허송세월하는 만큼 이 邪求를 이탈함이요, 心과 理가 상응하여 自度・度他・無上道에 이름을 正意라고 한다.(海東疏 전집 제6책 63~4장) 그리고 원효는 이어 內住・等住・安住・近住・調順・寂靜・最極寂靜・專住一趣・等持의 九種住心을 해설하고 等持之心이 眞如相에 住하므로 眞如三昧에 드는 것이라 하여 이 眞如三昧가 法界一相이며 平等無二한 一行三昧를 비롯하여 無量三昧를 생기게 하는 근본이 됨을 밝히고 있다.

觀의 修習은 일체 世間有爲의 法이 오래 머무를 수 없어 須臾에 變壞하는 것이며 一切心行이 念念生滅하는 것이므로 苦임을 觀하는 것이요, 따라서 無常・苦・流轉・不淨을 觀하는 이른바 法相觀이 주로 다루어지고 있다. 四種觀이라 하여 이 法相觀 외에 大悲觀・誓願觀・精進觀이 아울러 논의되는 바 하여간 止의 修習만으로는 마음이 沈沒하여 懈怠의 마음이 일기 쉬우므로 觀을 修習하여야 된다는 것이다. 止觀의 二門은 共相助成이요 不相捨離라, 만일 止觀을 갖추지 못하면 菩諸之道에 들어갈 수 없다고 한다.

> 止觀二行, 旣必相成, 如鳥兩翼, 似車二輪, 二輪不具, 卽無運載之能, 一翼若闕, 何有翔空之勢, 故言止觀不具, 則無能入菩提之道也(海東疏, 전집 제6책 72장)[1]
> 止觀은 定慧라고도 한다.
> 言止觀門者, 六度之中, 定慧合修, 故合此二, 爲止觀門也(동상 60장)

隨相而論, 定名爲止, 慧名爲觀, 就實而言, 定通止觀, 慧亦如是
(동상 61장)

즉 相에 의하여 논한다면 定은 止요 慧는 觀이나 實에 의하여 논한다면 定도 慧도 각기 止觀全體와 통한다는 것이다. 원효는 定이 여러 명칭으로 불리어짐에 언급하여 等引·等持·等至·靜慮·止·心一境·性·定·正思의 8종을 들고 있다.(金剛三昧經論 11~12면 참조) 그리고 金剛般若와 金剛三昧의 차별을 彼慧此定이라 하고 있다.(동상 6면 참조) 그러나 定慧平等하여 서로 뗄 수 없으므로 等持라고 하는 것이라고도 하고,(동상 11면 참조) 더 나아가 '初定次慧, 第三定慧俱行'(동상 248면 참조)이라고도 하였다.

覺과 修行의 관계에 있어서 원효는 本覺顯成의 의미로서 보면 眞修라 할 수 있고 始覺修成의 의미로서 보면 新修라 할 수 있다 하여 眞修라는 설과 新修라는 설이 모두 도리가 있다고 한다.(金剛三昧經論 33면) 그러나 歸源大覺은 공을 쌓아야 되는 것이요, 隨流長夢이 不可頓開라고 하였다.(遊心安樂道 전집 제10책 2 및 無量壽經宗要 전집 제2책 1장 참조)[2]

비록 才學이 있어도 戒行이 없는 자는 마치 寶貝가 인도하나 起行하지 않음과 같고 비록 勤行이 있으나 지혜가 없는 자는 동방으로 가고자 하면서도 서쪽을 향하여 간다.

지혜 있는 사람의 소행은 쌀을 삶아 밥을 짓는 것이요, 無智한 사람의 소행은 모래를 삶아 밥을 짓는 것이다. 같이 밥을 먹어 주린 창자를 요기할 줄 알건만 법을 배워 癡心을 고칠 줄 모른다. 行智俱備는 수레의 2륜과 같고 그리하여 自利利他함은 새의 양 날개와 같다.

> 雖有材學, 無戒行者, 如寶所導而不起行, 雖有勤行, 無智慧者, 欲往東方而向西行, 有智人所行, 蒸米作飯, 無智人所行 蒸砂作飯 共知喫食而飢腸, 不知學法而改癡心, 行智俱備, 如車二輪, 自利利他, 如鳥兩翼(發心修行章 전집 제10책 1장)

止觀 내지 定慧의 幷修와 여기서 말하는 行智俱備를 대번에 동일시할 성질의 것은 아니고 원효가 眞如門과 生滅門의 不相捨離의 관계를 다시금 역설한 것으로 보아 무방할 것이다.

그런 만큼 원효는 더 나아가 眞如門과 生滅門의 不可離함을 그의 內實에 있어서 밝히고 있다. 즉 眞如門은 諸法의 通相이요, 通相 외에 諸法이 따로 있는 것이 아니다. 諸法은 모두 通相의 所攝이다. 그것은 마치 微塵이 瓦器의 通相인 것과 같으니 通相 외에 瓦器가 따로 있는 것이 아니다. 瓦器는 모두 微塵의 所攝이다. 또 生滅門은 인연의 화합으로 諸法을 變作하는 것이나 眞性은 언제나 不壞하므로 生滅門도 眞如를 攝한다. 이것은 마치 微塵性이 瓦器를 聚成하여 언제나 微塵性相을 不失하므로 瓦器가 곧 微塵을

攝하고 있음과 같다. 인제 二門이 互相融通하여 際限無分하므로 모두가 각기 一切理事諸法을 通攝하는 만큼 二門은 不相離라고 한다는 것이다.

> 眞如門是諸法通相, 通相外無別諸法, 諸法皆爲通相所攝, 如微塵是瓦器通相, 通相外無別瓦器, 瓦器皆爲微塵所攝, 眞如門亦如是, 生滅門者, 卽此眞如是善不善因, 與緣和合變作諸法, 雖實變作諸法, 而恒不壞眞性, 故於本門亦攝眞如, 如微塵性聚成瓦器, 而常不失微塵性相, 故瓦器門卽攝微塵, 生滅門亦如是, 今二門互相融通, 際限無分, 是故各通, 攝一切理事諸法, 故言二門不相離(別記 전집 제7책 4~5장)

그리하여 원효는 眞如門 중에서도 또한 事相을 보일 것이나 약하여 설하지 않을 뿐이라 하였고 生滅門 내에도 또한 自體가 있는 것이나 體로써 相을 따르는 것이므로 따로 설하지 않는다고 하였다.

> 眞如門中, 亦應示於事相, 略故不說耳(海東別記 전집 제7책 5장)
> 生滅門內, 亦有自體, 但以體從相, 故不別說也(海東疏 전집 제6책 1장)

신라의 見登은 그의 《起信論同異集》에서 원효의 和諍論에 나오는 글이라 하여 從因生起之門과 息緣歸原之門이 二門相通하여 不相違背라고 한 의의를 천명하고 있다. 즉

本이면서 始와 다름이 없는 本覺도 色聲을 가지고 있는 것이요, 始이면서 本과 다름이 없는 始覺이므로 始覺도 또한 色聲이 없다. 始와 本이 無二하므로 色이 있는 것도 아니요 또 色이 없는 것도 아니다. 이처럼 無礙함이 佛의 果德인 것이다. 從本己來로 色心不二라 色性卽智요 智性卽色이니 亡相歸源之門에 의하여 色聲의 차별이 없다 함도 옳고, 從性成德之門에 의하여 色聲의 차별이 있다 하여도 좋다. 서로 偏執한다면 그릇되지 않음이 없고 같이 得意한다면 옳지 않은 것이 없다. 같이 옳다고 함은 立하지 않는 것이 없음이요 같이 그릇되다고 함은 遣하지 않는 것이 없음이다.

> 以本不異始之本覺故, 本覺亦有色聲, 以始不異本之始覺故, 始覺亦無色聲, 以始本無二, 故非有色, 亦非無色, 如是無礙, 爲佛果德耳, 從本己來, 色心無二, 色性卽智, 智性卽色, 就亡相歸源之門, 一類師說無色性之差別, 亦得意矣, 就從性成德之門, 一類師說有色聲之差別, 亦得意矣, 若互偏執, 無所不非, 若並得意, 無所不是, 並是之義, 無所不立, 雙非之宗, 無所不遣(見登 起信論同異集, 續藏經 제71투 제4책 368면)

여기에 이르러 우리는 覺의 방법으로서의 止觀이 원효의 和諍의 논리와 뗄 수 없이 긴밀하게 일체가 되고 있음을 역력히 볼 수 있다. 그리고 동시에 그것이 다름아닌 色 즉 是空이요, 空 즉 是色의 이론과 修行의 전개임을 알게 된다.

㈜

1) 止觀의 雙運 내지 倂修는 어디서나 흔히 볼 수 있는 사상이나 원효는 특히 그의 ≪瓔珞本業經疏≫ 序에서 雙運止觀을 이 經의 大意라고 하여 다음과 같이 논하고 있다.

　歸源之路, 甚夷而無人能行, 入玄之門, 泰然而無人能入, 良由世間學者, 着有滯無故也, 着有相者, 將有待之危身, 趣無限之法相, 數數而無己, 逐名而長流, 滯空無者, 恃莫知之盲意, 背生解之敎門, 惚醉而無醒, 搖首而不學, 是故如來無緣大悲, 爲彼二類, 令入佛道, … 雙運止觀二翼, 高翔乎法虛空, 斯爲本業之大意也(전집 제4책 1장)

　후에 고려 知訥에 이르러 修心之人이 不依文字로 指歸하여 直以密意知傳處로 爲道하니 則溟溟然徒勞坐睡라고 그의 ≪法集別行錄節要幷入私記≫ 虛頭에 탄식한 것은 원효가 여기서 滯空無者가 惚醉而無醒하여 搖首而不學이라고 한 것과 그 뜻하는 바가 상통하는 것임을 주의하고 싶다.

2) 원효는 漸頓을 依人漸頓과 對境漸頓의 둘로 나누어 첫째 依人漸頓은 依一人相續始終인 경우에는 漸頓淨諸漏, 其智漸增이요, 依諸人衆多相續인 경우에는 頓淨諸漏, 頓成正覺이라고 하였다. 둘째 對境漸頓은 對十重法界인 경우에는 漸除요, 對一法界門인 경우에는 頓斷이라고 하였다.(瓔珞本業經疏 전집 제4책 26장 참조)

4 無碍의 구현

  일연은 그의 ≪삼국유사≫ 권4, 원효 不羈條 마지막 讚에 '角乘初開三昧軸, 舞壺終掛萬街風'이라고 하였다. 覺의 원리와 방법을 밝힌 원효가 無碍의 大瓠를 舞弄하며 菩薩行으로 중생을 교화하였음을 뜻함이다. 화엄경의 '一切無碍人, 一道出生死'에서 딴 無碍라 한다. 千村萬落을 且歌且舞하며 化詠하고 돌아다니니 오막살이의 尺童들도 모두 불타의 號를 알며 누구나 염불을 하게끔 되었다. 요석공주가 설총을 낳은 후로 僧衣를 俗服으로 고친 원효가 小姓居士로서 自號하였다 하나, 이것을 단순히 그의 참회로 보아야 할 것인가는 매우 의문인 줄 안다. 원효는 이미 無碍의 이론적 탐구를 넘어 구현하는 行者가 아니었던가 생각할 수도 있음직하다. ≪菩薩戒本持犯要記≫에 있어서 원효는 淺深門을 다루면서 戒文의 말만을 형식적으로 해석하는 것을 淺識이라 하고 여러 가지 경우에 있어서 복과 죄가 다를 수 있음을 통찰함을 深解라고 보고 있다. 그리하여 高士는 품성이 넓고도 아름답고 마음을 편히 순박하게 가져 따질 줄을 모르며 화복을 혼융하여 하나로 돌리고 피아의 구별을 잊어 無二한지라 그 마음이 언제나 즐거우므로 나라고 헐고 남이라고 칭찬하지도 않으며, 나라고 높이고 남이라고 누르지도 않는다. 이것을 上智의 순박한 복이라고 한다. 그런데 下愚는 품성이 순박하여 옳고 그름을 모르며 숙맥조차 제대로 가리지 못하여 선의 선됨과 악의 악됨을 모른다. 그 마음은 언제나 어두워 미워할 줄도 사랑할 줄도 잊은 채 또한 스스로 겸허하거나 남을 칭찬함도 없고 반대로 스스로 잘났다거나 남을 깎아 내림도 없다. 겉으로는 上智의 行跡과 같으나 원효는 이것을 下愚의 渾沌한 죄라고 한다.(전집 제5책 8~9장 참조) 원효의 無碍는 그저 몽매한 恣意대로 함부로 무분별한 그것을 의미함과는 다른 것이라고 하겠다.

失戒와 無碍를 혼동함은 물론 잘못이다. 그러나 酒肆倡家에 출입하며 金刀鐵錫을 가지고 다니며 혹은 撫琴으로써 祠宇에 즐기고 혹은 閭閻에 寓宿하는가 하면 혹은 疏를 지어 雜華를 講하여 혹은 산수에 坐禪하여 機를 따라 都無定檢이었다 하여 원효傳을 쓴 송나라 贊寧의 말과 같이 '發言狂悖, 示跡乖疎'라고 하였음은 과연 지나친 평이 아닐 수 없다. 국왕이 仁王經大會를 개설함에 있어서 두루 碩德을 찾아 원효를 천거하였으나 다른 승려들이 그의 爲人을 싫어하는 나머지 應納하지 않았다고 하였음으로 미루어 명망은 있으면서도 생활 태도에 있어서 일반 승려들로서는 이해하기 곤란하였음이 사실인 것도 같다.

그러나 이러한 몸가짐을 그저 失戒로만 돌려 무방할 것인가. 또 이것은 원효에 한한 일도 아니요, 오히려 불교의 근본 정신을 몰각한 형식화·귀족화에 대한 반발로서의 일부 대중화의 운동같이 생각되는 점이 없지도 않다. 원효의 선배격인 大安法師는 역시 不測之人으로 되어 있다. 形服이 특이하며 항시 商街에 살아 銅鉢을 치며 大安 大安하고 부르며 다녔다 하여 大安이라는 호를 얻게 되었다고 한다. 일찍이 원효를 金剛三昧經의 강사로 추천한 이도 바로 이 大安이었다.

  安曰, 速將付元曉講, 餘人則否(安贊寧撰 元曉傳)

사상적으로 知己의 사이였던 것이 짐작된다. 그러기에 일연도 大安法師를 '亦知音唱和'(삼국유사 元曉不羈條)라고 한 것이다. 뿐만 아니라 '安云, 但將經來不願入王宮闕'(동상)이라고 한 것으로 미루어 大安에게 있어서도 역시 세속적인 위세에 대한 일종의 반발과 같은 태도를 볼 수 있는 듯하다. 원효와 大安은 이러한 점에서도 의기상통하였던 것이나 아닐까. 원효는 大瓠, 大安은 銅鉢, 두드린 물건이 다르며 부른 노래도 같을 리야 없었겠지만 불교 대중화를 위한 菩薩行이요, 오히려 다같이 無碍의 구현이었다고 하여 잘못은 아닐 것이다. 원효가 蛇福의 母喪을 돌보아 주었다든가 嚴莊으로 하여금 一意修觀하여 往生의 願을 성취케 하였다든가(삼국유사, 蛇福不言條 및 廣德嚴莊條 참조) 또는 贊寧의 원효전에 나오는 '曉示跡無恒, 化人不定'이라고 하면서 예로 든 일화들이 다분히 神奇性을 띤 것인 만큼 그대로 신빙할 수 있는가는 문제이지만 여하튼 대중에 보다 가까이 접근하여 교화하려고 한 원효의 의도를 추측하기에는 족하다고 하겠다. 본래가 출가하자 자기의 집을 절로 고쳐 初開寺라고 한 원효다. 나는 大瓠를 두들기며 거리를 헤맨 거지의 행색에서 역시 上求菩提하며 下化衆生의 원효의 거룩한 無碍의 구현을 찾고 싶다. 적어도 無碍의 구현을 위한 원효의 염원이 깃들어 있었으리라고 생각된다. 원효의 철학 사상은 소위 사상을 넘어 그 사상 그대로 살려는 철인, 아니 역시 종교적인 行을 목표로 하는 그것이었다. 無碍를 구현함으로써 無碍의 사람으로 됨이 그의 철학 사상의 귀착점이었다고 하겠다.

Ⅳ 羅末·麗初의 정신적 추세

=미래상의 현세적 집약과 심화=

1 개 관

　신라 말엽에 국세가 쇠잔하여 군웅이 할거하는 난세가 되자 인심은 안정을 잃고 지향할 바를 몰라 헤매었다. 높은 수준의 교양을 쌓으며 사상의 학적인 추구를 일삼을 마음의 여유가 없어지고, 그런 까다롭고 힘든 생활 태도보다 우선 불가사의한 힘에 의한 요행을 바라는 풍조가 싹튼 것이다. 이러한 추세에 발맞추어 생겨난 것이 미래의 盛衰禍福을 상징적으로 예언하는 讖說 또는 地勢를 相하여 택지나 도읍 내지 묘소를 택함으로써 앞날의 번영을 도모하려는 풍수설 즉 堪輿術의 성행이요, 더 나아가 자칭 미륵불의 출현에 대한 현혹이다.

　허황된 미신의 일종이라면 그만인 것도 같으나, 일세를 거의 풍미하다시피 성행하였고 후세에까지 두고두고 영향하는 바가 컸다는 것은 간과할 수 없는 어떤 까닭이 있음직도 한 일이요, 거기에 도리어 철학적인 이론 이전의 막연한 대로 애착을 느끼는 생활 신조가 속 깊이 숨어 흐르는 것인지도 모른다. 단적으로 말하여 이러한 특징은, 아무리 심각한 고난에 부딪히더라도 유일한 희망을 영원한 내세의 피안에 걸려고 하지 않고 此岸의 이 현실계에서 성취 실현되기를 갈구하여 마지않은 증좌라고 하겠다.

언뜻 보기에 현세적인 애착과 집념을 초탈하지 못한 천박한 현실주의 같아, 마치 위대하며 심오한 사상이나 종교가 나올 수 없었던 것도 당연한 것처럼 생각되기 쉽다. 그렇다고 미래상을 영원한 피안에서 찾으려는 신앙이나 사유만이 올바르며 깊고, 현세에서 희구함은 그저 얕으며 부질없는 것이라고 간단히 단정하여야 된다는 법도 없음직하다. 도리어 무궁무진한 깊은 뜻을 지니고 있어서 一草一木도 泛然하게 볼 수 없는 현실 자체인지도 모른다. 혹은 우리의 此岸의 현실 생활을 위한 자연적 조건이, 영원한 내세나 동경하여야 할 절망으로 그치기에는 너무나 아까운 天惠를 이미 받고 있기 때문이나 아닐까 생각되기도 한다.

 본래가 長生不死의 壽를 此岸에서 누리고 싶었기에 옛날부터 신선 사상이 생겨났다고 하겠거니와, 역시 인간으로서 현세적인 복락이 무엇보다도 앞서는 관심사이었기에, 불공을 드림에 있어서도, 묘지를 택함에 있어서도, 소원은 擧皆가 此岸에 있어서 실현되기를 바라는 행운이요 번창이었으며 그것이 일세의 풍조를 이룬 것이다. 미래상의 현세적 집약은 오히려 한국 사상을 일관하는 밑받침으로서의 생활 신조였다고 나는 생각한다.

 그리고 이 현세적인 집약의 심화는 때마침 당으로부터 전래된 教外別傳의 禪思想에서 새로운 전개를 보게 된다. 一超直入, 覺의 경지에 이르러 생사마저 초월된다면 거기에 사후의 彼岸이 따로 생각될 수도 없을 것이다. 涅槃 淨

土의 극락세계가 피안에서 기다리고 있는 것이 아니요 娑婆의 諸相 그대로가 깨치는 이 찰나에 있어서 穢土도 淨土도 아닌 如如의 相自體로서 보일는지도 모른다.

우리는 오랜 역사를 통하여 유불선의 여러 사상을 도입 섭취하면서 미래상의 현세적 집약과 심화를 거듭한 나머지 급기야 천도교의 人乃天 사상에 이르러 우리 자신의 한국적인 결실을 보게 된 것이다.

2 풍수도참사상

 풍수 지리를 중시하는 사상은 신라 말엽에 성행한 것이나, 그렇다고 그때 이르러 비로소 시작된 것은 아니다. 신라 건국 초기에 昔脫解가 이미 풍수 지리를 알아 토함산 위에서 楊山下의 瓠公宅을 바라보고 그곳이 吉地라고 하여 詭計로써 빼앗아 살았는데 그 땅이 후에 月城으로 되었다고 한다.

> 脫解……專精學問, 兼知地理, 望楊山下瓠公宅, 以爲吉地, 設詭討, 以取而居之, 其地後爲月城(三國史記 新羅本紀 第一 脫解尼師今條)[1]

 그 후 원성왕 14년 겨울에는 왕의 遺敎로 장지를 선택하게 된 바 매우 곤란을 느꼈다. 결국은 현존 寺刹 터가 지정되어 精舍를 옮기고 묘소의 玄宮을 지었다고 한다.[2]

 이상으로써 신라 시대에, 택지나 묘소를 풍수 지리에 의하여 선택하였음을 알 수 있다.

 그리고 讖文의 예로는 백제 의자왕 20년에 여러 가지 불길한 징조가 연발하던 끝에 한 거북의 등에 장차 백제가 망하고 신라가 흥할 것을 상징적으로 예언한 '百濟同月輪 新羅如月新'이라는 글이 쓰어 있었다고 한다.[3] 거북의 등에 글이 씌어 있었다는 등은 신빙할 史料라고 할 수 없거니와 讖文 자체가 多義曖昧하여 해석이 구구한 것이 그의 특색이 아닐 수 없다.

이것은 바로 최치원이 왕건에게 신라의 망할 것과 고려의 흥할 것을 '鷄林黃葉 鵠嶺青松'이라는 구로써 예언하였다는 말과도 유사한 예라고 하겠거니와 미상불 後人들의 假託임이 틀림없을 것이요, 어느 정도의 史實을 전하는 것인지 자못 믿기 힘든 일이나, 여하간 왕조가 바뀌는 비상시마다 그런 따위의 讖文이 성행함은 가끔 보는 일이다.

> 初我太祖(王建)作興, 致遠知非常人, 必受命開國, 因致書問, 有鷄林黃葉, 鵠嶺青松之句(삼국사기 권 제46 열전 제6 최치원조)

風水 堪輿의 설이 중국에서는 後漢 青烏子에 비롯하여 晋時의 陶侃·郭璞 등에 의하여 이루어진 것이라고 하나, 우리 나라에서는 玉龍子 즉 道詵의 圖讖秘記가 두고 두고 영향을 끼친 대표적인 것임은 말할 것도 없다.

道詵은 신라 진성여왕 9년에 이미 王隆과 더불어 鵠嶺에 올라 산수의 맥을 더듬어 水母木幹으로 된 반도의 地脈이 그의 택지에 명당을 이루니 반드시 聖子가 날 것이라 하여 이름을 왕건이라고 짓도록 일렀다고 하며, 후에 왕건으로 하여금 道詵이 占定한 이외의 곳에 함부로 사원을 창건하면 地德을 損薄하여 祚業이 길지 못할 것을 믿게 하였다. 한반도가 여러 나라로 갈리어 내외우환이 連綿不絶함은 천지의 혈맥이 고르지 못한 병 때문이니, 마치 人身에 병이 있을 때 혈맥을 찾아 혹은 침을 놓고 혹은 뜸을 뜨면 병이 낫듯이 산천의 병도 그리하여 사찰을 창건하여 塔婆를 건립함이 사람의 침 놓으며 뜸질 함과 같은 것이므로 산수의 順逆을 따라 그 자리를 잘 택하여야 된다는 것이다.

왕건이 後嗣를 훈계한 훈요십조는 너무나 유명하거니와 이것이 얼마나 道詵의 산수지리 사상에 의거한 것인가는 一見하여 넉넉히 짐작할 수 있다. 즉 國家大業이 諸佛護衛의 힘으로 되었다고 하면서도 위에서 언급한 사찰을 지정된 곳 이외에 함부로 세우지 못하게 한 것이라든가, 서경 즉 평양은 水德이 調順하여 우리 나라 지맥의 근본을 이루고 있어서 만대에 대업을 누릴 만한 곳이니 안녕을 이루게 하라고 한 것이라든가, 차령 이남 금강 밖의 땅은 산형 지세가 모두 背逆하여 인심도 또한 그러하니 등용을 삼가야 한다는 등 과연 혹하였다고 할 만하다.

　　二十六年 夏四月……親授訓要曰,……其二曰, 諸寺院, 皆道詵推占山水順逆, 而開創, 道詵云, 吾所占定外, 妄加創造, 則損薄地德, 祚業不永, 朕念後世國王公侯后妃朝臣, 各稱願堂, 或增創造, 則大可憂也……其五曰, 朕賴三韓山川陰佑, 以成大業, 西京水德調順, 爲我國地脈之根本, 大業萬代之地……以致安寧,……其八曰, 車峴以南公州江外, 山形地勢, 並趨背逆, 人心亦然……雖其良民, 不宜使在位用事(고려사 세가 권 제2 태조 조)

뿐만 아니라 산이 많은 것은 양이요 산이 적은 것은 음이다. 또 高樓는 양이요 平屋은 음이다. 그러기에 산이 적은 곳에는 高樓를 짓고 산이 많은 곳에는 平屋을 지어 음양이 화합하도록 하여야 하는 법이다. 그런데 우리 나라는 산이 많다. 거기에 만일 高屋을 지으면 양에 양을 더하여 剛을 거듭하게 되므로 음양관계인 天地剛柔의 덕을 衰損하는 소이라 하여 왕실에서 層樓高屋을 짓지 못하도록 하였을 뿐만 아니라 민가에도 모두 금하였다고 한다.[4]

심지어 고려 말엽 공민왕 때에 있어서도 '道詵의 玉龍記에 우리 나라가 백두산에서 시작하여 지리산으로 끝을 맺었는데 그 勢가 水根木幹의 땅이어서 黑으로써 부모를 삼고 靑으로써 身을 삼았으니 만일 풍속이 土를 순종하면 번창하고 土를 거역하면 災禍가 있을 것이다. 풍속이란 것은 군신의 의복·冠蓋·樂調·禮器를 말함이니 지금으로부터 문무백관은 黑衣靑笠으로 할 것이요 승복은 黑巾大冠으로 할 것이며 여복은 黑羅로 하여야 한다. 또 모든 산에는 栽松이 茂密케 하고, 모든 그릇은 鍮銅瓦器를 써서 풍속이 土를 순종하도록 하여야 한다.'[5]고 한 것이다.

이러한 것이 어느 정도로 준수 실시되었는가는 간단히 추측키 곤란한 일이나 후세에 끼친 바 영향은 간과할 수 없다. 명당을 찾기 위한 노력과 비용은 말할 것도 없거니와 때로는 광대한 국토를 한 사람의 묘지가 차지하는가 하면 이에 연관된 소송이 그칠 줄을 모르는 형편이었다. 識

文은 다시금 정감록과 같은 형태를 가지고 민심을 현혹케
한 나머지 6·25 동란 때만 해도 구구한 풀이를 하는 사
람들이 생겨 부산 피난살이를 하면서도 큰 진리라도 깨친
듯이 八金山이 어떻고 하게 되었던 것이다. 그러나 여기서
는 그의 잘못이나 진리 여부를 이론적으로 따지려는 것이
아니라 우리 민족이 그리는 미래상이 어디까지나 현세적인
것이었고 영원한 피안에 있지 않았다는 것만 알면 족하다.

㈜
1) 詭討로써 빼앗은 내용은 ≪삼국유사≫에 다음과 같이 서술되어 있다.
 其童子(指稱脫解) 曳杖率二奴, 登吐含山上, 作石塚, 留七日, 望城中
 可居之地, 見一峯如三日月勢可久之地 乃下尋之, 卽瓠公宅也. 乃設詭
 討, 潛埋礪炭於其側, 詰朝至門云, 此是吾祖代家屋, 瓠公云否, 爭訟不
 決, 乃告于官, 官曰, 以何驗是汝家, 童曰, 我本冶匠, 乍出隣鄕, 而人取
 居之, 請掘地檢看, 從之, 果得礪炭, 乃取而居焉(삼국유사 권제1 紀異)
2) 洎貞元戊寅(元聖大王 十四年也)冬, 遺敎 窆癶之事, 因山(綱目註, 帝
 王之葬因其山, 不復起墳)是命, 擇地尤難 乃持淨居(寺也), 將安秘殿(幽
 殿)……宜聞龜筮協從, 可見龍神歡喜, 遂遷精舍, 爰創玄宮(崔致遠 所
 撰 新羅初月山崇福寺碑文 李能和著 朝鮮佛敎通史 하면 수록)
3) 有一鬼入宮中, 大呼百濟亡 百濟亡, 卽入地, 王怪之, 使人掘地, 深三
 尺許, 有一龜, 其背有文曰, 百濟同月輪 新羅如月新 王問筮者, 曰, 同月
 輪者, 滿也, 滿則虧, 如月新者, 未滿也, 未滿則漸盈, 王怒殺之, 或曰,
 同月輪者, 盛也, 如月新者, 微也, 意者國家盛, 而新羅寖微者乎, 王喜
 (삼국사기 권제28 백제본기 제6 의자왕 조)
4) 觀候書言 謹按道詵秘記, 稀山爲高樓, 多山爲平屋, 多山爲陽, 稀山爲
 陰, 高樓爲陽, 平屋爲陰, 我國多山, 若作高屋, 必招衰損, 故太祖以來,
 非惟闕內不高其屋, 至於民家, 悉皆禁之, 今聞造成都監, 用上國規模,
 欲作層樓高屋, 是則不述道詵之言, 不遵太祖之制者也, 天地剛柔之德不

備, 室家唱隨之道不和, 將有不側之災 可不愼乎(고려사 세가 권제28 충렬왕 조)

5)   六年 戊申 司天少監于必興上書言, 玉龍記云, 我國始于白頭, 終于智異, 其勢水根木幹之地, 以黑爲父母, 以靑爲身, 若風俗順土則昌, 逆土則災, 風俗者, 君臣衣服冠蓋樂調禮器也, 自今文武百官黑衣靑笠, 僧服黑巾大冠, 女服黑羅, 又於諸山栽松茂密, 凡器用鍮銅瓦器, 以順土風從之(고려사 세가 권제39 공민왕 2)

3 자칭 미륵불의 출현에 이르기까지

현존해 있는 삼국 시대의 불상 중에는 이른바 彌勒半跏像이라는 것이 20여 구나 있어서 하나의 이채를 이루고 있다. 시대적으로 가장 오랜 것에 속하거니와 그 중에는 절묘한 작품들이 있어서 보는 사람으로 하여금 경탄케 하고 있다. 그 당시 일본으로 가져간 것으로 현재 奈良의 法隆·中宮 등 사원에 국보로 珍重되고 있음을 보기도 한다. 이로써 삼국 시대부터 미륵 신앙이 행하여졌음이 짐작되거니와, 기록에 의하여 몇 개의 史實을 더듬어 보기로 한다.

신라 孝昭王代 竹旨郞의 아버지 述宗公이 竹旨嶺에서 한 居士를 만나 서로 歎美感心하는 사이가 되었던 바 후에 거사가 죽어 述宗公夫妻의 꿈에 나타났다. 방으로 들어오는 꿈이었으므로 거사가 자기들 집에 다시 태어날 것이라 하여 嶺上에 장사지내고 石彌勒 1구를 만들어 무덤 앞에 세웠더니 과연 아내가 꿈꾸던 날로부터 태기가 있어 어린 애를 낳으매 이름을 竹旨郞이라고 하였다. 이 竹旨郞이 커서 김유신과 더불어 삼국통일에 공이 컸다고 하였다.(삼국유사 권제2 紀異 제2 죽지랑 조 참조)

역시 신라 때 仙川村이라는 마을에 夫得이라는 사람과 朴朴이라는 사람이 있었는데 佛法의 無上道를 성취하기 위하여 각기 산중 암자로 들어가 夫得은 彌勒을 勤求하고 朴朴은 彌陀를 禮念하였다. 夫得은 暮夜에 길을 잃은 婦女의 産苦를 정성껏 돌본 결과 成佛하여 彌勒尊像이 되었고, 뒤미처 朴朴이도 無量壽佛이 되었다. 景德王이 이 소문을 듣고 大伽藍을 창건하여 金堂에는 彌勒尊像을 안치하고 現身成道彌勒之殿이라 하였으며, 講堂에는 彌陀像을 안치하고 現身成道無量壽殿이라고 하였다는 것이다.(삼국유사 권제3 塔像 제4 南白月二聖 조 참조)

聖德王 때 南月山 甘山寺에 石彌勒尊像과 石彌陀像을 안치하였다 하며(삼국유사 권3 塔像 제4 南月山 조 참조) 기타 善德王 때 生義란 중이 夢中의 도승이 지시한 대로 洞谷의 땅을 파니 石彌勒이 나왔다.(동상 生義寺 石彌勒 조 참조) 또는 調信이라는 중이 溟州蟹峴에 묻었던 아이를 파보니 石彌勒이었다(동상 洛山二大聖 조 참조)는 등 彌勒像에 관한 전설이 있었음을 보면 미륵 신앙이 어느 정도로 보급되었던가 짐작된다고 하겠다.

경덕왕 때 忠談이라는 중은 3월 3일과 9월 9일에 차를 달여서 南山 三花嶺의 彌勒世尊에게 드렸다 한다.(삼국유사 권제2 紀異 제2 忠談 조 참조)

백제 무왕이 하루는 부인과 더불어 익산에 있는 師子寺로 가는 도중에 龍華山下 大池邊에 이르매 彌勒三尊이 池中에서 출현하는지라 수레를 멈추고 경례할새 부인이 왕보고 그곳에 큰 伽藍을 창건하기가 소원이라고 하였다. 知命

法師에게 못을 메울 것을 물었더니 神力으로써 하룻밤 사이에 산을 헐어 못을 메워 평지를 만들었다. 이에 절을 짓고 彌勒三尊을 안치하니 액호를 彌勒寺라고 하였다. 신라 진평왕이 百工을 보내어 도와 주었다.(삼국유사 권2 紀異 제2 武王 조 참조) 한국에 현존한 석탑 중 최대의 규모인 것이 바로 이 彌勒寺 遺趾에 남아 있는 탑이다.

眞表律師는 일찍이 彌勒像前에 戒法을 勤求하던 나머지 전주·김제에 金山寺를 창건하고 彌勒丈六像을 鑄成 안치하였다.

이것이 바로 신라 惠恭王 2년의 일이다.(李能和著 佛教通史 하편 소재 關東楓岳鉢淵藪石記 참조) 오늘에도 金山寺 彌勒殿에는 높이 30척이나 되는 한국 최대의 銅佛 彌勒像이 안치되어 있다.

더구나 이러한 미륵 신앙의 성행은 일찍이 화랑도와 결부됨을 본다. 화랑도의 정신이 원래 신라 고대로부터 그 전통이 계승되어온 것임은 의심할 바 아니나, 불교 전래 후 특히 미륵 신앙과 깊은 관련을 가지게 되었다.

진지왕 때 興輪寺 중 眞慈(一作貞慈)는 매양 彌勒像 앞에 나아가 '우리 大聖이여, 화랑으로 화신하여 이 세상에 나타나 내가 항상 가까이 모시고 侍奉하게 하옵소서.(願我大聖, 化作花郎 出現於世 我常親近晬容, 奉以周旋)' 하였다. 그 誠懇至禱의 情이 날로 더욱 두터워지더니 하루는 꿈에 한 중이 나타나 '네가 熊川 水源寺로 가면 彌勒仙花를 만나 볼 수 있으리라.'고 하였다. 眞慈가 깨어 驚喜하여 水源寺를 찾아 10日의 노정을 걸음마다 예를 하며 그 절에 이르러 문외에서 眉彩가 수려한 소년의 반가운 마중을 받았다. 후에 山靈 노인을 만나 전의 그 소년이 彌勒仙花임을 알게 되었다.(삼국유사 제3 塔像 제4 彌勒仙花 조 참조) (뿐만 아니라 김유신의 화랑도를 龍華香徒라고 한 것도 역시 미륵신앙과 관련된 명칭인 것이다)

원래 미륵은 佛成道의 化儀를 따라 우선 兜率天에 태어나서 壽四千歲, 즉 인간으로는 57억6천만 년 후에 이 세상 閻浮提라는 곳에 下生하여 龍華樹下에서 成道成佛한다는 것이요 다시 말하면 彌陀의 극락과 같은 피안의 세계 아닌 閻浮提라는 차안에서 成佛하여 중생을 제도한다는 것이다. 彌勒下生經은 이 閻浮提라는 땅이 平整하기 거울과 같고 토지가 豊熟하며 인민이 熾盛한데 珍寶는 많고 기후가 和適하여 百八病患이 없으며 인심이 均平하여 모두 같은 뜻을 갖는다고 한다. 즉 無上의 낙원이 지상에 전개된다는 것이요 거기에 인간으로서 태어나기를 원하는 것이라고 하겠다.

그러나 고뇌에 시달리는 급한 마음은 현세적이라곤 하나 그처럼 오랜 미래에 있어서의 실현을 그저 기다리고만 있기가 거북하였던지 미륵의 현신을 갈망하여 또는 숭앙되는 대상 인물을 미륵의 현신으로서 보는 데 이른 것 같다.

특히 이러한 시대적 요구에 편승하여 혹세무민하였다고

할 자칭 미륵불이 출현하는 데까지 이르렀다. 그것이 다름 아닌 궁예다. 궁예는 일찍이 祝髮爲僧하여 스스로 善宗이라고 하였었거니와 철원에 태봉이라는 나라를 세운 후 자칭 미륵불이라 하였다. 머리에는 金幘을 쓰고 몸에는 方袍를 입었으며, 長子는 靑光菩薩, 季子는 神光菩薩이라 하여, 외출할 때에는 백마를 타고 비단으로 말의 머리와 꼬리를 장식하였으며, 童男과 童女로 하여금 幡蓋와 香花를 받들어 앞을 인도하게 하였다. 또 비구승 2백여 명에게 명령하여 梵唄를 부르며 뒤를 따르도록 하였다. 스스로 佛經 20여 권을 지었는데 그 말이 요망하여 모두 常道에 어긋난 것이었건만 때로는 혹 正坐하여 講說을 하므로 중 釋聰이 말하기를 '모두 邪說 怪談이요 가르칠 것이 못 된다.'고 하였더니 궁예가 이 말을 듣고 크게 노하여 철추로 때려 죽였다.

善宗(弓裔), 自稱彌勒佛, 頭戴金幘, 身被方袍, 以長子爲靑光菩薩, 季子爲神光菩薩, 出則常騎白馬, 以綵飾其鬃尾, 使童男童女, 奉幡蓋香花前導, 又命比丘二百餘人, 梵唄隨後, 又自述經二十餘卷, 其言妖妄, 皆不經之事, 時或正坐講說, 僧釋聰謂曰, 皆邪說怪談, 不可以訓, 善宗聞之怒, 鐵椎打殺之(삼국사기 권제50 열전 제10 궁예 조)

궁예의 부인 康씨가 왕의 非法한 행실을 정색으로 간하자 궁예는 이를 미워하여 오히려 강씨가 타인과 불의한 관계를 맺고 있음을 신통력으로 보아 안다 하고 烈火로 철방망이를 달궈 그의 음부를 찔러 죽였으며 그의 두 아들까지 죽이고 말았다.(동상 참조) 뿐만 아니라 궁예는 이른바 그의 觀心術을 빙자하여 왕건이 모반을 획책한다는 無實의 트집으로 벌을 가하려고 한 일까지 있었다고 한다.(李能和著 朝鮮佛教通史 하편 定都鐵原弓裔稱尊 조 참조)

자칭 미륵불은 비단 우리 나라에만 있었던 일은 아니다. 후세에 중국의 白蓮教徒들도 같은 방법으로 우민들을 현혹하여 이른바 홍건적의 난을 일으킨 일이 있었거니와, 우리 나라에서는 그러한 예를 가끔 볼 수 있음이 간과할 수 없는 하나의 특색을 이루고 있는 것이다. 李能和著 ≪朝鮮佛教通史≫에 의하면 고려 말엽 辛禑王 8년 固城의 妖民 伊金이라는 자가 또한 자칭 미륵불이라 하며 衆을 惑하매, 城隍祠廟의 신을 철거하고 伊金을 敬信하여 福利를 빌었다고 한다.

　　高麗辛禑八年, 固城妖民伊金, 自稱彌勒佛, 惑衆, 巫覡尤加敬信, 城隍祠廟, 撤去其神, 敬伊金如佛以祈福利(李能和著 朝鮮佛教通史 하편 巫女賽神扇弄三佛 조)

그러나 李能和의 이 서술은 출처를 '國史'라고만 막연하게 지적하고 있어서 의거한 바 원전이 분명치 못하거니와, 고려열전 권47 辛禑8년 2월 조에는 '有私奴無敵, 自稱彌勒化身, 伏誅'라고 있다. 같은 辛禑 8년의 일로 되어 있는 만큼 필시 同人異名으로 伊金을 무적이라고도 부른 것이려니 짐작된다.

하여간 세상이 어지러울 때마다 생겨나는 현상의 하나라고 하여 무방할 것이요, 최근까지도 세칭 甑山敎의 교주였던 姜甑山은 스스로 김제 金山寺 미륵불의 화신이라 하며 그의 사후 그를 만나려거든 금산사 미륵불을 예방하라고 하였다 하여 그 신도들이 그의 유해를 금산사 동구 저수지변 산록에 안치하고 있다. 고려 말엽 또는 최근세의 일을 들추어 논의할 자리는 아니나, 옛날부터 오늘에 이르기까지 미래의 구세주, 즉 미륵불이 어서 속히 이곳에 임함을 기원한 나머지 스스로 미륵불로서 자처하여 창생을 제도한다는 태도를 취하는 사람이 나오게 된 것이다. 이러한 추세에서 우리는 미래상의 현세적 집약을 본다고 하겠다.

4 禪宗의 도입

　教 이외에 直指人心 見性成佛의 祖師心印法을 전하는 이른바 教外別傳의 禪이 東渡하여 오기는 신라 恭惠王 때에 당으로부터 神行이 北宗(漸)을 도입하고 道義가 南宗(頓)을 전래한 데서 시작되었다고 한다.

　禪은 본래 석가와 迦葉 사이에 拈華微笑로 以心傳心, 一祖 迦葉尊者에게 부속된 것으로 그 후 28祖 達磨에 이르러 중국에 전래한 것임은 주지되어 있는 바와 같다. 그러나 不立文字, 教外別傳의 禪이 위에서 이미 언급한 바 미륵 신앙과 무슨 관계가 있기에 하필이면 여기서 禪의 도입이 문제되는가 할는지 모르나, 때마침 禪宗이 우리 나라에 도입된 것도 사실이거니와, 禪宗의 제1祖인 迦葉이 석가의 滅度後 三藏의 결집을 필하자 스스로 노쇠함을 생각하여 阿難에게 正法을 전한 후 鶴谷山에 入定하여 미륵의 下生을 기다렸다(李能和著 朝鮮佛教通史 중편 特書臨濟宗之源流 참고)고 하니 미륵 신앙과 禪은 본래부터 인연이 얕지 않은 듯하다. 그러나 여기서는 그런 것보다도 禪은 사후의 영생을 따로 생각하거나 극락 정토를 이승 아닌 彼岸의 별세계에서 구하려는 태도와는 근본적으로 다른 점이 있는 것만 같고, 不立文字로써 言慮를 超絶한 것이라 하나 구태여 말하자면, 오히려 찰나적인 순간에 미래까지도 집약 심화하는 것이라고 보여지기 때문이다. 禪의 경지에는 미래도 현재도, 아니 집약이니 심화니 하는 것도 없음직하다. 도대체 禪의 경지라는 경지부터가 부정될 법도 하다. 言表를 絶하였다는 것을 일러 여기서 억지로 집약이니 심화니 하는 것뿐이다.

北宗이다 南宗이다 하지만 같은 五祖弘忍의 두 제자에 의하여 갈라진 것이요, 北宗은 중국에서와 마찬가지로 우리 나라에서도 별다른 발전을 보지 못한 채 쇠퇴한 데 반하여 六祖 慧能의 南宗은 우리 나라에서 道義의 迦智山(광주)을 비롯하여 利嚴의 須彌山(해주)에 이르기까지 이른바 九山의 宗風이 羅末·麗初에 걸쳐 蔚興하였다.

'身是菩提樹, 心如明鏡臺, 時時勤佛拭, 莫使惹塵埃'라고 한 北宗 神秀의 偈에 대하여 '菩提本無樹, 明鏡亦無臺, 本來無一物, 何處惹塵埃'라고 한 六祖 慧能의 心法은 그대로 우리 나라 禪思想의 기조가 되어 왔다. 麗末·조선시대 초기에 걸쳐 臨濟宗이 전래하여 오늘에 이르도록 槿域佛敎의 대표적인 위치를 점하고 있거니와 六祖 慧能의 南頓을 계승한 점에서는 羅末·麗初의 九山의 禪과 다른 것이 아니다. 이제 그 전후의 師資傳承의 계통을 중점적으로 간단히 표시하면 다음과 같다.

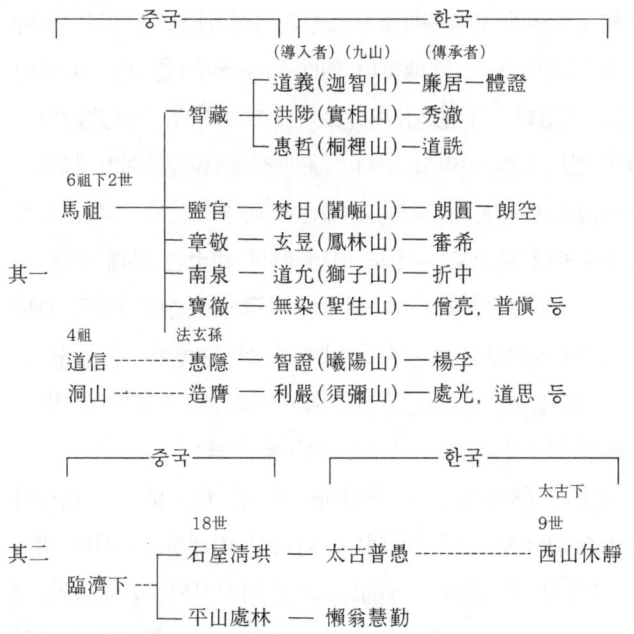

道義가 처음으로 智藏으로부터 心印을 받고 신라로 돌아와 禪理를 설하매 당시 사람들이 오직 經敎를 숭상하고 無爲任運의 禪旨를 오히려 虛誕한다 하여 소중히 여기지 않아 불우함을 면치 못하였다.

縱多年傳讀佛經, 以此欲證心印法, 終劫難得耳(天頙撰 禪門寶藏錄 권중, 續藏經 제1집 제2편 제18투 제5책 수록)

無念無修라 單擧拳頭式(道義)의 應對法으로, 또는 無師無弟 以無傳으로, 爲傳하니 傳而不傳(無染)을 傳禪의 본령으로 하였다. 不見能化所化로다. 그러기에 無說之說이요 無法之法(惠哲)이라고 한다. 淨則眞如解脫等法이요 穢則生死煩惱等法이라. 行者의 心源은 深水와 같아 淨穢兩草가 永不生하니 穢土도 淨土도 아닌 禪의 祖土는 본래 不淨 不穢하여 脫不脫이 있을 수 없으매 不著一條線이야말로 無染이 그의 ≪無舌土論≫에서 밝히려 한 究竟이 아닐 수 없다.(天頙撰 禪門寶藏錄卷上, 海東無染國師無舌土論, 참조, 續藏經 제1집 제2편 제18투 제5책 수록)

이미 淨穢가 없으매 초탈하여야 할 穢土도 없으려니와 住生할 淨土도 있을 리 없다. 따라서 미래상으로서의 피안도 생각할 수 없다. 一超直入하는 현시점의 이 찰나가 그대로 절대성을 갖는다고 하겠다. 미래상의 현세적인 집약을 다시금 심화함이라고 보는 까닭이 여기에 있다. 아니 심화조차 말할 수 없는 그 무엇일 수밖에 없다. 그러나 이것은 이미 禪에 관하여 禪 아닌 이론으로 전락함이라고 할 것이요 따라서 禪 자신이 배격함직도 하다. 그저 완전한 침묵을 지킨다면 모르되 적어도 不立文字를 운운하는 이상 불립문자라는 문자도 문자임에는 틀림없다. 여기에 차원을 달리하는 지적인 요구가 그래도 은연중에 잠재하여 있다고 하겠거니와 말할 수 없는 것을 말할 수 없는 그대로 밝혀 보려는 새로운 차원의 천명 전개는 고려의 의천을 거쳐 지눌에 이르러 최고봉에 달한다. 그들은 과연 어떻게 이 힘든 과업을 수행하였던가, 이것을 밝힘이 우리의 다음 과제인 것이다.

인도와 중국의 禪의 전승 계통을 여기서 문제되고 있는 범위 안에서 극히 중요한 것만 표시하면 다음과 같다.

```
                           인   도
1祖     2祖     12祖     13祖       28祖(東土第一祖)
迦葉 ─ 阿難……馬鳴………龍樹………達磨


                           중   국
1祖         4祖  5祖      6祖    6祖下
                                 1世         2世              5世
達磨………道信─弘忍 ┬ 慧能─南嶽懷讓─馬祖道一……臨濟義玄
              │   青原行思─石頭希遷……洞山良价
              │   荷澤神會
              └ 神秀   永嘉玄覺
```

V 義天의 教觀幷修와 주체적 전통

1 教觀幷修

　본래 불교의 어느 교파에서나 수행방법으로서의 禪을 중요시하지 않은 것은 아니요 실제로 참선 공부도 하여 왔음이 사실이다. 그 중에서도 특히 화엄종·천태종 같은 것은 禪의 수행을 觀 또는 止觀이라 하여 그들의 宗旨 속에서 적극적으로 살리려 하였다. 불교의 이론적인 천명에 있어서 누구보다도 철저하였다고 할 원효만 하더라도 和諍의 논리적 추구와 止觀修行의 뗄 수 없는 관계를 역설하였으며, 몸소 山水에 坐禪한 것이 전해지고 있다.

　그러나 不立文字, 以心傳心의 敎外別傳으로써 이른바 純禪을 宗旨로 하는 禪宗이 전래되어 九山에 있어서 각기 宗風을 振作함에 이르러 敎와 禪은 마치 대립의 양상을 呈하는 것처럼 보이게 되었다. 더구나 羅末·麗初의 어수선한 난세를 겪는 동안에 불교의 이론적 탐구는 萎微不振의 頹勢를 면할 길이 없었고, 따라서 철학적으로 새삼 논의될 만한 업적도 없었다고 짐작된다. 이러한 시기에 敎觀幷修의 기치를 선명하게 드러내어 한국 불교의 전통적인 和諍精神을 중흥 선양한 것이 바로 義天이다.

敎를 떠난 禪에 대한 비판

義天은 옛날의 古禪과 그당시에 유행한 今禪과의 차이가 근본적으로 현격한 것임을 지적하였다. 옛날의 禪이란 것은 敎에 의거하여 禪을 익히는 習禪이었는데, 당시의 禪이란 敎를 떠나서 禪을 설하는 說禪이 되고 말았다. 이 說禪者는 그 명목에 집착하여 그 실을 잃고 있는데 대해서 習禪者는 그 사유를 따짐으로 인하여 그 뜻을 얻고 있는 것이니 오늘의 矯詐의 弊를 求하고 古聖의 醇精한 道로 되돌아가는 것이라고 한다.

> 甚矣, 古禪之與今禪, 名實相遼也, 古之所謂禪者, 籍敎習禪者也, 今之所謂禪者, 離敎說禪者也, 說禪者, 執其名而遺其實, 習禪者, 因基詮而得其旨, 求今日矯詐之弊, 復古聖醇精之道(卍續藏經 제1집 제2편 제6투 제2책, 別傳心法議 後序)

이것은 戒珠가 撰한 '別傳心法議'라는 글을 義天이 王旨를 받들어 간행하면서 붙인 발문에서 한 말이거니와 거기서 의천은 한 걸음 나아가 일찍이 遼나라 道宗임금이 詔를 내려 義學沙門 詮曉(일명 詮明) 등으로 하여금 經錄을 再定하여 續開元釋敎錄 3권을 편수케 하였는데, 그때에 慧能의 六祖壇經과 禪家 傳燈錄의 시초라고 할 智炬의 寶林傳을 모두 불태워 그 僞妄을 제거하였다 하여, 은근히 잘하였다는 어조로 말하고 있으며, 禪宗의 章句가 많이 이단과 관련짓고 있다고 뚜렷이 禪宗을 지적하여 평을 가하고 있다.

> 大遼皇帝詔有詞, 令義學沙門詮曉等, 再定經錄, 世所謂六祖壇經寶林傳等, 皆被焚, 除其僞妄…… 禪宗章句, 多涉異端……(동상)

위의 인용문 중 '世所謂六祖壇經' 운운의 '世所謂'라는 말투부터가 그리 탐탁히 생각하지 않는다는 표현이거니와, 僞妄이니 이단이니 함으로 미루어 어지간히 노골적으로 禪宗에 대한 태도를 보여준 것이라고 하겠다. 의천은 대부분의 末學徒輩가 어리석은 禪으로 시비만 다투며 있다고 풍자의 시를 읊기도 하였다.

> 區區末學君知否, 九分癡禪競是非(大覺國師文集 第十九, 廣明寺大禪師日公退差靈峯)

의천의 敎觀幷修에 대하여 후에 知訥은 定慧雙修로 고려 불교의 두 대표자로서 지칭되거니와, 知訥이 일찍이 六祖壇經을 閱讀하다가 豁然 自得한 바 있어 그로부터 名利를 떠나 求道의 뜻이 더욱 간절하여졌다는 것과, 의천의 위의 말투와는 매우 대조적인 면을 단적으로 드러내는 것이라고 하겠다. 서로 통하는 유사점이 있으면서도 敎와 禪의 어느 것이 출발점이 되어 있는가에 따르는 차이라고 볼 수 있을 것이다.

의천에 의하면, 대저 法은 言像이 없는 것이나 그렇다고 言像을 떠난 것도 아니다. 言像을 떠나면 倒惑하고 言像에 집착하면 眞을 혼미케 된다. 단지 세상에는 완전한 재능이 적은 만큼 사람들이 그 아름다움을 갖추기가 곤란하여서 敎를 공부하는 사람은 내적인 것을 버리고 외적인 것을 구하는 일이 많게 되고, 禪을 익히는 사람들은 밖의 緣境을 잊고 내적으로 밝히기를 좋아한다. 그 둘이 다 偏執인 것이요 같이 二邊에 구속됨이라, 있지도 않은 兎角의 長短을 싸우며 空花의 濃淡을 다툼과 같다고 하여 敎와 禪이 각기 相補하여 內外兼全하여야 할 것을 주의하고 있다.

> 夫法无言像, 非離言像, 離言像則倒惑, 執言像則迷眞, 但以世寡全才, 人難具美, 故使學敎之者, 多葉內而外求, 習禪之人, 好忘緣而內炤, 竝爲偏執, 俱滯二邊, 其猶爭兎角之長短, 鬪空花之濃淡(문집 제3, 講圓覺經發辭 제2)

金富軾이 撰한 大覺國師 碑名에 의하면 의천은 根本之學을 하는 데 힘썼으며 또 일찍이 말하기를 禪家에서 이른바 강론 같은 방편에 의거하지 않고 이심전심한다는 것은 上士根智의 사람의 일이다. 下士의 변변치 못한 위인이 입으로 옮기고 귀로 들은 學으로써 一法을 認得하고서는 스스로 다 되었다고 하여 三藏 十二分敎를 가리켜 '芻狗다, 糟粕이다, 더 볼 만한 것이 못 된다.'고 함은 또한 그릇된 일이 아닐 수 없다 하여 楞伽·起信 등 經論의 공부를 勸

하였다고 한다.[1]

송나라 淨源法師의 제자 善聰이 의천에게 보내온 글 속에도 지금 천하의 수십家나 되는 禪이 邪는 많고 正은 적어 大敎를 弘通함에 있어서 실로 사람을 얻기 힘들다고 하였다. 그리고 동시에 勉伊의 背禪弘敎之詩라는 것을 베껴 보내면서, 또한 貴知요 경사스러운 기쁨이라고 하였다.[2] 이 글을 받은 의천도 사상적으로 공명하여 같이 기뻐할 것을 믿고 하는 말투로 미루어 그것은 禪聰의 생각이자 의천의 사상 경향이라고 하여 무방함직하다.

실로 의천은 그 당세의 불교 공부를 하는 사람들이 스스로 頓悟를 말하여 權小를 멸시하지마는, 性相을 담론하다가 때때로 사람들의 웃음거리가 되는 것은 兼學을 하지 못한 잘못 때문이라고 하여 널리 배울 것을 권장하고 있다.

近世學佛者, 自謂頓悟, 蔑視權小, 及談性相, 往往取笑於人者, 皆由不能兼學之過也 (문집 제1 刊定成唯識論單科序)

그렇다고 의천이 禪을 무시하였다거나 경시하였다는 것이 아니라, 敎觀幷修의 필요성을 역설한 것이요 따라서 敎를 떠난 禪의 偏執을 경계한 것이라 하겠다.

敎 觀 幷 修

의천은 고려 文宗의 넷째 왕자로서 11세 때 출가하여

華嚴宗 靈通寺 景德國師 밑에서 공부를 시작하였다. 일찍이 澄觀의 글을 보고 그 후부터 慧辭가 日進하였다고 하거니와 景德國師가 입적한 후에는 일정한 스승도 없이 공부를 하였는데, 賢首教觀을 위시하여 漸頓大小乘 經律論 章疏에 이르기까지 탐색하지 않은 것이 없었고, 또 여력으로 불교 이외의 학문까지 연구하여 견문이 깊고도 넓어 孔子와 老子의 글로부터 子史集錄 百家之說의 精華를 그 근저에 있어서 탐색한만큼, 議論이 종횡으로 달리고 滾滾히 다함이 없어서 老師宿德들도 모두 스스로 미치지 못하겠다고 하니, 명성이 자자하여 당시 法門의 宗匠이라고 하였다.[3] 13세에 이미 祐世僧統의 高位가 수여되었고 31세에 入宋하여 賢首·天台·南山·慈恩·曹溪·西天梵學 등을 一時에 傳了한 것은 널리 알려져 있다.[4] 그리하여 의천이 宋에서 돌아온 후에 諸宗의 教가 각각 바름(正)을 얻었다고한다.[5]

의천이 입적 전해에 庚辰에 自述한 바에 의하면 23세 때 이미 貞元新譯 華嚴經幷疏 共50권을 講하기 시작하여 그해에 畢한 바 있거니와, 그 이후 일생을 통하여 廢한 일이 없었다. 諸部를 강연하기 3백여 권에 이르렀는데 華嚴經은 東晉 때 번역한 60권본, 唐 則天武后 때 번역한 80권본, 貞元 즉 唐 德宗 때 번역한 40권본의 三種本 모두 180권을 古人相承의 說이 있었으나 쓰지 않고 오직 澄觀의 淸涼疏에 의하여 우리 말로 옮겼고, 南本 卷槃經 36권도 또한 그리하였으며, 智顗의 法華玄의 10권 등 諸部는 전에 전수자가 없어서 대충 배운 것임에도 불구하고 10여 부를 우리 말로 옮겼다.

> 予自二十三歲, 始講, 貞元新譯 華嚴經幷疏共五十卷, 其年徹軸, 自后講演, 未嘗有廢(庚辰 六月 四日 國淸寺講徹天台妙玄之後言志示徒, 文集 第二十)
>
> 所有講演諸部, 三百餘卷, 而華嚴三本共一百八十卷, 雖有古人相承之說, 吾竝不用, 但依本疏, 飜譯方言, 其南本涅槃 三十六卷 等亦爾, 妙玄十卷等諸部, 古无傳授者, 不揆膚受[6] 輒譯方言, 亦有 十餘部(동상)

의천에 의하면 '十善五戒는 人乘이요, 四禪八定은 天乘이요, 四聖諦法은 聲聞乘이요, 十二因緣은 緣覺乘이요, 六度萬行은 菩薩乘이다. 人乘으로 말하면 周孔의 道와 同歸하고, 天乘으로 말하면 老莊의 學과 일치한다.

先民들이 儒道의 敎를 닦아야 人天의 報를 잃지 않을 수 있다고 하였음을, 古今의 賢達들이 모두 知言이라 하여왔다.

그러나 三乘出世의 法을 어찌 周孔이나 老莊의 敎와 같이 말할 수 있을 것이랴. 대개 더불어 道를 말할 수 없는 曲士는 夏虫이 冬氷을 모르며 井蛙가 大海를 모르듯이, 그 敎에 拘束되어 自見에 국한되는 따위임을 알 수 있다.'[7]고 하여 三乘佛法의 우월성을 뚜렷이 내세우고 있다.

그러나 三乘佛法은 널리 배우고 알아야 한다는 것이 의천의 사상이다. 첫째 性과 相은 하늘의 日月, 易의 乾坤과 같다는 澄觀의 말을 인용하면서 學이 性相의 兩轍을 겸하여야만 通人이라고 할 수 있다고 한다. 俱舍를 배우지 않으면 小乘의 설을 알지 못하고, 唯識을 배우지 않으면 始敎의 宗을 보지 못하여, 起信을 배우지 않으면 終頓의 旨를 밝히지 못하고, 華嚴을 배우지 않으면 圓融의 문에 들어가기 힘들다. 淺으로써는 深에 이르지 못하나, 深이 淺을 겸비함은 理數의 당연함이니, 그렇기에 經偈에 이르기를 '池河의 물을 마실 힘도 없으면서 어찌 大海를 삼킬 수 있으며, 聲聞 緣覺의 二乘法도 배우지 않고 어찌 菩薩의 大乘을 배울 수 있겠는가.' 하였음은 믿을 만한 말이라고 하고, 나아가 二乘도 배워야 하겠거든 하물며 대승을 배워야 함은 말할 것도 없다고 하였다[8]

실로 의천은 그의 말년에 '鬢髮이 어찌하여 희어졌는가? 쌓인 공부의 수고로움 때문이다.'[9]라고 술회하였으며, '나는 心勞의 병이 있어서 근일에는 점차로 더하여 경서를 보고 읽을 때 매양 心痛을 느껴 학업이 황폐되었다.'[10]고 한탄하기도 한 것으로 미루어 藏經의 수집과 간행의 국가적 대사업을 위한 노고도 이만저만이 아니었겠지만, 그보다도 敎學에 정진한 그의 모습을 상상하기에 족하다고 하겠다.

그리하여 의천은 '至理가 幽微한만큼 群言이 汗漫하여 문답할 때에 授引이 매우 곤란하게 되었다. 더욱 근세 吾

宗의 異를 좋아하는 무리들이 本을 버리고 末을 좇아 臆說이 분연하여 드디어 祖師의 玄旨를 막아 통하기 힘든 것이 10 중 7, 8이나 되니 敎觀에 밝은 자로서 어찌 한탄치 않을 것이랴.'[11]) 하여 華嚴關係의 新集圓宗文類를 撰集하게 된 것이요 起信과 唯識의 二論은 性相兩宗의 樞要이어서 學人으로서 마땅히 盡心하여야 할 것이라고 하였다. 그런데 起信論은 일찍이 공부한 일이 있으나 唯識만은 그 공이 미진하다고 생각되었다. 가야산 해인사에 은퇴하고 있는 사이에 百家를 泛覽한 나머지, 唯識의 이론이 말이 번거로워 그의 要義가 분명치 못할 것을 염려하여 刊定成唯識論單科 3권을 저작하였다.[12]) 圓宗文類의 編定者로서의 의천 자신을 '……傳賢首敎觀兼講 天台敎觀南山律鈔因明等論等……' 한 것으로 미루어 兼學의 실천자로서 자임하였음을 알 수 있다.

그런데 의천이 처음으로 修業한 절이 靈通寺요 입적 후 遺敎에 의하여 그의 유골을 안치한 곳도 靈通寺의 東山인 바 이 절은 金富軾撰 碑銘에 의하여 大華嚴靈通寺다. 위에서 말한 바와 같이 의천이 일찍이 華嚴疏主 澄觀의 글을 보고 慧解가 日進하였다는 것도 이 절에 있었다는 것과 관계가 없지도 않을 것이다. 또 의천이 住持하였던, 興王寺는 金字華嚴經을 奉置한 華嚴巨刹이었으며 洪圓寺는 賢首 淸凉 등의 九祖堂이 있는 華嚴宗의 절이었다. 뿐만 아니라 의천이 渡宋時에 먼저 만나게 된 것이 有誠이라는 華嚴法

師이었으며 그후 주로 오래 접촉한 淨源은 의천을 위하여 慧因院이라는 절에서 華嚴을 講하였던 것이요, 講이 畢하매 청색 手爐와 흑색 拂子를 전법의 표징으로 의천에게 주었다.[13] 慧因院은 본래가 禪院이었던 것인데 이때부터 華嚴講院으로 고치게까지 되었다.[14] 淨源은 華嚴疏鈔音義釋文等의 저술도 한 바 있거니와 의천이 淨源을 알게 된 것도 이미 入宋 이전에 본국에서 淨源이 지은 賢首에 관한 글을 읽는 데 기인한다.[15] 그런가 하면 淨源은 의천을 華嚴僧統이라고까지 하였다.[16] 이상으로 미루어 의천의 華嚴教觀에 대한 관계를 짐작하기에 족하다.

그러나 동시에, 의천은 入宋하여 有誠과 처음으로 만난 자리에서 往返問答하여 그 설을 다한 것이 다름아닌 華嚴의 賢首와 天台의 智顗와의 教判思想의 異同이었으며 兩宗의 幽眇한 뜻이었다.

是日, 往返問答, 賢首天台判教異同及兩宗幽眇之義, 曲盡其說
(外集 제13, 林存撰 大覺國師碑銘)

이로써 미루어 의천은 入宋하기 전부터 華嚴教觀과 동시에 天台教觀에도 많은 관심을 가지고 있었으며 양자의 異同에 관하여 깊이 유의하였음이 짐작된다. 慧因院의 淨源이 華嚴疏鈔를 撰述하였음은 위에서 언급하였거니와 노경에 法華經을 연구하여 註 12권을 지었다. 그리고 그는 華嚴과 法華의 二經은 불교의 表裏며 始終인 絶唱이라고 한 것이다.

　嗚呼, 吾首於華嚴, 老注法華, 二經爲佛敎之表裏始終之絶唱(外集 제2, 淨源書 제2)

法華經은 天台宗의 所依經典이요 따라서 天台宗을 法華宗이라고도 하는 것으로 淨源이 또한 天台敎觀에 관심이 깊었음직한 일이다. 그리고 의천은 入宋 때 天台宗의 慈辯大師 從諫으로부터 手爐와 如意를 기증받은 바 있는데, 이것은 의천이 慈辯의 天台一宗의 經論 講下에 참석해 그의 敎觀을 承稟하였기 때문이다. 그리하여 의천은 天台山에 있는 天台敎主 智者大師의 浮圖를 찾아 參詣하고 고려로 환향하거든 힘을 다하여 天台敎觀을 弘揚함으로써 그 고마운 가르침과 수고하여 주신 은덕에 보답하겠노라고 맹세하였다.[17] 과연 귀국 후 肅宗 2년에 國淸寺가 창건 낙성됨을 따라 주지가 되어 天台宗 一宗을 확립 發揚함으로써 天台山에서의 맹세를 수행하였다. 그리고 智者大師의 法華玄義 10권을 講하여 우리 말로 옮겼음은 위에서 언급한 바와 같다. 그런만큼 林存撰 大覺國師 碑銘에는 海東天台始祖 大覺國師로 되어 있다.

이상으로써 의천이 諸宗에 능통하였음과, 그중에서도 賢首敎觀과 天台敎觀에 사상의 방향이 정위되었을 것이 짐작된다. 그리고 의천은 敎相判釋에 있어서 華嚴의 五敎(小乘敎・始敎・終敎・頓敎・圓敎)와 天台의 四敎(三藏敎・通

教·別教·圓敎)가 大同한 것이라는 의견에 찬의를 표하고 있는 만큼[18] 양자를 근본적으로 다르다고 보는 것이 아니라 하겠다. 그러면 그러한 입장에서 내용적으로는 어떤 철학 이론을 전개하였던가? 아깝게도 그의 저술로써 이 중요한 내용을 천명해낼 만한 것이 남아 있지 않음이 한이다. 諸部 3백여 권을 우리 말로 옮겼건만 그것이 과연 어느 정도에 있어서 어떤 형태로 문자화된 일이 있었는지도 알 수 없거니와, 그의 글을 베껴 板刻하였던 것들조차 그의 생전에 판을 불살라버리게 한 듯하다.[19] 그렇다고 賢首敎觀과 天台敎觀을 같이 중요시하였다는 점을 미루어 그의 철학적인 사상 내용이 전연 추측할 수 없다는 것은 아니지만, 이제 불과 몇 종밖에 남지 않은 단편들 속에 요점을 추려보기로 한다.

이 마음은 그의 體가 淸淨하고, 그의 用이 自在하며, 그의 相이 평등한 것이니, 이것은 不分而分이다. 비록 그처럼 三義를 설하기는 하지마는, 聖凡은 본래가 一體요 의지함과 바름(依正)은 둘이 아니다. 미혹하면 번뇌생사요 깨치면 菩提涅槃이다. 이것을 마음에 미루어 생각하면 마음이 되고 物에 미루어 생각하면 物이 된다.

此心其體淸淨, 其用自在, 其相平等, 不分而分, 雖說三義, 聖凡一體, 依正不二, 迷之則煩惱生死, 悟之則菩提涅槃, 推之於心則爲心也, 推之於物則爲物也(문집 제4, 題末詳, 단 계속된 같은 글 속에 今所 講者則大方廣佛花嚴經十通品 운운한 것을 보면 아마도

華嚴經啓講辭임이 틀림없다고 생각한다.)

하여간 모든 것의 본체를 마음이라고 하나 그것은 적절한 표현 방법이 없어서 그처럼 이름을 붙인 것뿐이요, 보통 생각하듯이 唯物과 대립하는 의미에 있어서의 唯心은 아니다. 그러기에 마음으로도 되고 物로도 된다고 한 것이다. 오히려 唯心으로도 보이고 唯物로도 보일 수 있는, 구태여 말하자면 양자를 止揚 包越한 것, 물질인 色과 心의 諸現象이 그대로 그의 실상이라고 할 수 있는 것을 지칭하려는 것이라고 하겠다. 따라서 간단히 관념론에 속한다고 단언할 수도 없을 것 같다. 이것이 곧 法華의 諸法實相과 통하는 사상임이 틀림없을 것이다.

그리하여 의천에 의하면 諸法은 모두가 동일성이어서 차별이 없는 것이니, 눈이 부딪치는 것이 그대로 菩提요 機에 임하여 道 아닌 것이 없다. 그것은 실로 불제자이었던 耆婆가 의약의 처방이 훌륭하여 그의 손만 닿으면 초목이 모두 약재 구실을 함과 같다. 단지 그 法體가 自性을 지키지 않고 物에 感하여 움직이며 緣을 따라 변하기 때문에 중생이 虛妄顚倒하여, 無量의 고통을 받으면서도 스스로 깨닫지 못하니, 참으로 憐憫할 노릇이라고 하였다.[20]

이 법은 중생에 있어서는 萬惑이 되고, 보살에 있어서는 萬行이 되며, 여래에 있어서는 萬德이 된다. 一境 속에 一切智요 一切智 속에 諸法界라, 먼저 三觀五敎로써 法義를

硏窮하여 入道의 안목으로 삼아야 한다. 실로 이 普法을 떠나서 다시 다른 방법으로 成佛할 수 없는 것이다.[21]

觀을 배우지 않고 經만 공부한다면 비록 五周因果[22]를 듣는다 하여도 三重性德[23]에는 달하니 못하고, 經만 공부하고 觀을 배우지 않으면 비록 三重性德은 깨달을지나 五周因果를 分辨치 못한다. 그러므로 觀은 배우지 않을 수 없고, 經은 공부하지 않을 수 없는 것이니, 大經을 전수하되 觀門을 배우지 않은 자라면 비록 經에 능통한 講主라고 할지라도 나는 믿지 않는다. 혹은 偏邪에 빠지고 혹은 聲利에 현혹되며 혹은 慢心하고 혹은 게으르며, 있는 것 같기도 하고 없는 것 같기도 하여, 죽을 때까지도 그 도에 들어가지 못하고 만다.

> 不學觀, 唯授經, 雖聞五周因果, 而不達重三性德, 不授經, 唯學觀, 雖悟三重性德, 則不辨五周因果, 夫然則觀不得不學, 經不得不授也……是知傳大經而不學觀門者, 雖曰講主, 吾不信也…… 或失於偏邪, 或失於聲利, 或慢或怠, 若存若亡, 故終其身而不能入其道
> (문집 제16, 示新叅學徒緇秀)

一境中에 우주의 萬有가 갖추어 있어서 서로 互應 反照하는 것인만큼 一心三觀, 즉 華嚴法界觀門에서 그의 義理를 총괄하였다고 할 眞空觀, 理事無礙觀, 周徧含容觀의 三觀, 또는 瓔珞本業經 賢聖學觀品에서 다루어지고 天台宗에서 계승 전개하였다고 할 從假入空觀(空觀) 從空入假觀(假

觀.平等觀), 中道第一義諦觀(中觀)의 三觀의 修行을 역설한 것이라 하겠다. 의천이 賢首敎觀과 天台敎觀은 敎에 있어서 大同하다는 견해에 찬동하였다고 위에서 언급하였거니와 그것은 동시에 觀에 있어서도 상통하는 것으로 보아 무방할 것이다. 실로 의천은 그의 연구 경력으로나 사상내용으로 짐작되듯이 어느 宗 一敎만을 偏重하려 하지 않고 그 모든 것을 총합 통일하려고 한 것이다. 특히 말년에 天台宗을 중흥 진작시키려고 하였음은 敎宗과 禪宗을 다리 놓아 融會시킴에 있어서 坐禪 止觀의 修行을 중시하는 天台敎觀이 보다 포괄적이며 禪宗과도 통할 수 있는 것이라고 생각한 것 같다.[24] 이러한 여러 점이 원효의 和諍思想을 계승하였다고 볼 수 있는 동시에 시대의 변천을 따라 禪宗이 도입되어 어느 의미에서 敎宗과 대립되어 있었다고 할 수 있는만큼 그에 대한 태도의 천명이 요구되었고, 그에 응하는 의미에서도 敎觀幷修의 총화적인 자세를 밝힐 필요가 있었음직하다. 이상과 같은 의미에서 의천의 敎觀幷修사상은 한국의 전통적인 和諍佛敎의 정신을 살려 더욱 발전시키려고 한 것이라 하겠다.

㊀
1) 務爲根本之學, 亦嘗言曰, 禪家所謂不藉筌蹄, 以心傳心, 則上上根智者也, 脫或下士以口耳之學, 認得一法, 自以爲足, 指三藏十二分敎, 蒭狗也, 糟粕也, 又烏足觀者, 不亦誤乎, 乃勸學楞伽起信等經論 (외집 제12, 金富軾撰 大覺國師碑銘)
2) 今天下數十家禪那, 邪多正少, 弘通大敎, 實難其人, 因而寫其勉伊背禪

弘敎之詩以呈之, 亦貴知而慶喜也. 旣爲道契心交, 凡是法門盛事(外集 第六 善聰書)

3) 無常師, 道之所存, 則從而學之, 自賢首敎觀, 及漸頓大小乘經律論章疏 無不探索, 又餘力外學見聞淵博, 自仲尼老聃之書, 子史集錄百家之說, 亦嘗玩其菁華, 而尋其根柢, 故議論縱橫馳騁, 袞袞無津涯, 雖老師宿德, 皆自以爲不及, 聲名流聞, 時謂法門有宗匠矣(外集 제12, 金富軾撰 大覺國師碑銘)

泊景德歸寂, 師繼法門, 而當世之學佛者, 有戒律宗, 法相宗, 涅槃宗, 法性宗, 圓融宗, 禪寂宗, 師於六宗, 幷究至極, 外及六經十略之書, 各發醇趣(朴浩撰 興王寺墓誌銘, 朝鮮金石總覽上)

4) 天台, 賢首, 南山, 慈恩, 曹溪, 西天梵學, 一時傳了(外集 제13, 林存撰 大覺國師碑銘)

5) 國師自宋返國然後, 諸宗之敎, 各得其正(동상)

6) 이것은 天台宗의 慈辯大師의 강론에 참석하였음을 말함이니, 문집 제14, 大宗天台塔下親參發願疏中에 '今己錢塘慈辯大師講下, 承稟敎觀, 粗知大略'이라는 글이 있다.

7) 十善五戒, 人乘也, 四禪八定, 天乘也, 四聖諦法, 聲聞乘也, 十二因緣, 緣覺乘也, 六度萬行, 菩薩乘也, 以言乎人乘, 與周孔之道, 同歸, 以言乎天乘, 共老莊之學, 一致, 先民所謂修儒道之敎, 可以不失人天之報, 古今賢達, 皆以爲知言也, 其或後之三乘出世之法, 豈與夫城內之敎, 同日而言哉, 盖曲士不可以語道者, 束其敎也, 夏虫之於冬氷, 井蛙之於大海, 局於自見類可知也(문집 제13, 與內侍文冠書)

8) 淸涼有性之與相, 若天之日月, 易之乾坤, 學兼兩轍, 方曰通人, 是知不學俱舍, 不知小乘之說, 不學唯識, 寧見始敎之宗, 不學起信, 曷明終頓之旨, 不學華嚴, 難入圓融之門, 良以淺不至深, 深必該淺, 理數之然也, 故經偈云, 無力飮池河, 詎能呑大海, 不習二乘法, 何能學大乘, 斯言可信也, 二乘尙習, 況大乘乎(문집 제1, 刊定成唯識論單科序)

9) 鬢髮如何白, 多因積學勞(문집 제20, 和曹郞中韻述自意)

10) 豫有心勞之病, 近一漸增, 看讀經書, 每覺心痛, 學業荒廢(문집 제20, 庚辰六月四日 國淸寺講徹天台妙言之後言志示徒)

11) 但以至理幽微, 群言汗漫, 問答之際, 授引頗難, 況近世吾宗好異之輩, 葉本逐末, 臆說紛然, 遂令祖師玄旨, 壅而難通者, 十七八焉, 精於敎觀者, 豈不爲之大息矣(문집 제1, 新集圓宗文類序)

12) 문집 제1, 刊定成唯識論單科序 참조

13) 靑爐黑拂資談柄, 同陟蓮臺五十年, 今日皆傳東海國, 焚揮說法度人天 (外集 제4, 爐拂二事, 付法子華嚴僧統, 因成一絶)

14) 문집 제12, 金富軾撰 大覺國師碑銘 참조

15) 向者, 於故國, 偶得兩祈淨源講主, 開釋賢首敎文字, 披而有感, 閱以忘疲, 迺堅慕義之心(문집 제5, 乞就杭州源闍梨處學法表)

16) 주13 참조

17) 他日還鄕, 盡命弘揚 以報大師爲物說敎, 劬勞之德, 此其誓也(문집 제14, 大宗天台塔下親參發願疏)

18) 吾祖華嚴疏主云, 賢首五敎, 大同天台(同上) 이것은 澄觀이 일찍이 敎類有五, 卽賢首所立, 廣有別章大同天台, 但加頓敎라고 한 것을 말함이다.

19) 於生前 有以其文寫而刻之者, 取其板焚之(外集 제20, 金富軾撰 大覺國師碑銘)

20) 一切諸法, 皆同一性, 無有差別……觸目是菩提, 臨機何不道者, 良以耆婆之手, 草木皆藥故也, 但其法體, 不守自性, 感物而動, 隨緣而變, 故衆生虛妄顚倒……受無量苦, 不自知覺, 眞可憐憫(文集 第四, 華嚴經啓講辭? 缺張으로 미상)

21) 此法在衆生 爲萬惑, 在菩薩 爲萬行, 在如來 爲萬德, ……於一境中一切智, 一切智中諸法界……莫若先以三觀五敎, 硏窮法義, 用爲入道之眼目也, 良由離此普法, 更無異略得成佛(문집 제16, 示新參學徒緇秀)

22) 所信因果, 差別因果, 平等因果, 成行因果, 證人因果의 五周因果

23) 敎重, 行重, 證重의 三重性德

24) 敎와 禪을 五敎兩宗으로 구분하는 경우에는 九山의 禪宗과 天台宗을 禪의 兩宗으로 다루는 것을 생각하면, 天台宗의 위치에 대한 의천의 태도가 당연하다고 하겠다.

2 전통의 확립과 주체성의 선양

전통의 확립

 의천은 송에서 돌아와 新編諸宗敎藏總錄을 편수 발간한 이듬해 신미(1091)년 봄에 남한 일대를 편력하며 무려 4천 권이나 되는 佛書를 찾아 얻어 興王寺에 간직한 일이 있거니와, 이 南遊時에 경주 분황사에 들러 평소에 추모하여 마지않던 원효의 像前에 다과의 祭奠을 올렸다. 분황사는 본래 원효가 거처하던 절이요 입적한 후 그의 塑像이 안치되어 있었다.[1] 의천이 참배하였을 때는 옛날의 塑像이 그대로이었는지 未詳하나, 제문만 보더라도 원효에 대한 의천의 태도를 넉넉히 짐작할 수 있다. 우선 이 제문을 '祭芬皇寺曉聖文'이라 하여 원효를 曉聖이라고 하였다. 그리고 본문에서는 海東敎主 元曉菩薩 또는 海東菩薩 또는 聖師라는 최고의 존칭을 쓰고 있다. 그리고 말하기를, '오직 우리 海東菩薩 당신만이 性과 相을 융화하여 밝혔으며 고금 邪曲을 바로잡아 百家異靜之端을 和하여 一代 至公의 論을 얻으셨거니와 더욱 그 神通은 헤아릴 수 없고 妙用은 생각조차 힘들 정도입니다. 속세의 티끌은 비록 같이 하나, 그 참을 더럽히지 않았고 빛은 비록 化하나 그 본체를 변하지 않으셨습니다. 그리하여 슈名은 중국과 인도에까지

떨쳤고, 慈化는 幽明을 덮게 된 것이오니, 그 찬양함에 있어서 참으로 무엇이라 형용하여 말하기가 거북합니다. 의천이 저는 일찍이 天幸의 도움을 얻어 어릴 때부터 佛乘을 사모하여 先哲들의 사이를 歷觀하였사오나 聖師보다 훌륭한 분이 없었나이다.'

> 唯我海東菩薩, 融明性相, 隱括古今, 和百家異諍之端, 得一代至公之論, 而況神通不測, 妙用難思, 塵雖同而不汚其眞, 光雖化而不渝其體, 令名所以振華梵, 慈化所以被幽明, 其在讚揚, 固難擬議, 某夙資天幸, 早慕佛乘, 歷觀先哲之間, 無出聖師之右(문집 제16, 祭芬皇寺曉聖文)

'微言의 그르쳐짐을 통탄하여 至道의 쇠퇴함을 가석히 생각하며 멀리 명산을 찾아 法을 구하다가 인제 鷄林의 古寺에서 다행하게도 살아 계신 듯한 당신의 용자를 우러러 뵈오니 옛날 석가가 설법하신 靈鷲山의 회합에라도 참석한 것처럼 느껴지나이다.'(동상)라고 하였다. 이것이야말로 지극한 欽仰의 정성이 넘쳐 흐른다고 할 아름다운 표현이 아니고 무엇이랴.

의천은 일찍이 金剛經을 원효의 海東疏에 의하여 講하고 나서 '芬皇科敎獨堪尋[2)]이라고 하여 분황사 원효의 업적이야말로 깊이 연구할 만한 가치가 있는 것이라고 찬탄하였고, 지금까지 외로이 어둠 속에 헤매이다가 인제 비로소 琥珀이 티끌을 끌어 올리고 자석이 철편을 이끌어 당기

듯이 참으로 心服할 수 있는 분을 만나게 되었다. '此日遭逢芥遇針'(문집 제20, 依海東疏講金剛經慶而有作)이라고 하였던 것이다. 뿐만 아니라 원효의 여타 여러 논술들을 읽고 나서는 '著論宗經闡大猷, 馬龍功業是其儔'(문집 제20, 續海東敎迹)라고 하여 원효의 위대한 업적을 옛날 天竺의 馬鳴과 龍樹의 그것에 대등할 만한 것이라고 하였다. 이것은 얼른 생각하기에 의천이 원효를 존숭한 나머지 과찬한 말같이 들릴는지 모르나, 馬鳴의 大乘起信論이나 龍樹의 中論과 같이 원효의 金剛三昧經論을 疏라고 하지 않고 중국에서까지 論으로 지칭되었음을 본다면, 의천의 말이 결코 공연한 과장이 아님을 알 수 있다.

또 楞伽經의 漢譯에 있어서도 의천 당시 4권본, 10권본, 신역 7권본의 3종이 있었는데, 그중 4권본은 利涉法師의 疏 5권, 嚴法師의 注 7권이 있어서 講者가 대개 이에 의거하였으나, 신역 7권본은 章疏가 없었고, 10권본은 오직 원효의 疏 8권에 의하여 講하였다고 한다.[3]

또 의천은 海東에 佛法이 전래된 지 7백여 년 동안에 諸宗이 競演하고 衆敎가 互陳되어 왔건만 오직 天台의 一宗은 옛날에 元曉菩薩이 앞서 稱美하였고 諦觀法師가 뒤에 傳揚하였으나 시대를 따라 밝음이 가려졌다고[4] 하여 원효를 한국 天台宗의 창시자로 받들고 있다. 과연 원효는 그가 撰한 法華經宗要序에서 妙法蓮華經은 十方三世諸佛出世의 大意요 九道四生이 모두 하나의 道로 들어가는 넓은 문이라고 하여 法華經을 중요시한 점에서도 의천이 말한 바와 같이 天台宗에 대한 이해가 깊었다고 할 수 있음직하다.

송으로 건너가 淨源·慈辨 등 50여 명이나 되는 法師들을 歷訪하여 많은 소득이 없었던 것은 아니나, 의천에 있어서 끝끝내 사로잡히지 않을 수 없었던 것은 다름아닌 海東의 和諍佛教요 특출한 원효의 사상적 깊이와 넓음이었음이 틀림없다. 구태여 중국의 어느 종파에도 구애됨이 없이 독자적인 창의에 의하여 모든 異說을 總攝 融和하는 데서 한국적인 특색을 발휘한 태도가 원효에 대한 의천의 共鳴點이었을 것이다. 의천은 원효에 있어서 한국 불교의 주체적인 전통을 찾아 이를 확립하려고 한 것이라고 하겠다. 제 몇 祖니, 제 몇 世니 하면서 衣鉢의 계승을 외국과 연결시켜야만 비로소 위대할 수 있는 것처럼 생각하기 쉬운 그릇된 누습을 타파한 좋은 본보기가 아닐 수 없다.

그렇다고 우리의 것이라고 하여 무턱대고 내세우려고 한 것은 결코 아니다. 그릇된 것은 가차함이 없이 이를 지적하였다. '聖教로써 明鏡을 삼아 자기의 마음을 밝게 보지 못하고 일생을 구구하게도 오직 남의 寶貨만 세고 있다. 세상의 이른바 均如·梵雲·眞派·靈潤 따위 大師들은 그릇된 글이 말을 이루지 못하고 文義가 通變함이 없어 祖道를 荒蕪케 하니 後生을 미혹케 함이 이보다 심할 수가 없다.'고 하였다.

不能以聖教爲明鏡, 炤見自心, 一生區區但數他寶, 世所謂 均如, 梵雲, 眞派, 靈閏諸師, 謬書語不成, 文義無通變, 荒蕪祖道, 熒惑後生者, 莫甚於斯矣(문집 제16, 示新參學徒緇秀)

이 얼마나 매서운 비판이냐. 그리하여 의천은 그의 新編諸宗敎藏總錄에서, 宋과 遼의 목록까지 망라하면서, 오히려 고려 均如의 17부 60권이나 되는 저서의 이름들은 완전히 제외되어 수록하지 않고 있다. 우리의 것이라고 하여 무엇이나 거저 찾아내기만 하면 주체적인 전통이 서는 것이 아니요 거기에는 진정으로 바로 볼 줄 아는 안목이 높아야 하겠거니와 그러기 위하여서도 사상적인 깊이가 또한 창의적인 극치에까지 파고들어 새로운 활로 개척을 위한 고투의 노력이 전제되어 있어야 한다. 이러한 점에서 원효를 찾아 그의 위대함을 밝힘으로써 주체적인 전통을 확립하려고 한 의천이야말로 그가 聖者라고 앙모한 원효에 못지않게 거룩한 면이 있었다고 하여 과언은 아닐 성싶다.

肅宗 6년 8월에는 원효에게 和諍國師의 贈諡가 있었고 그해 10월에 의천이 입적하였다. 贈諡에는 의천의 간곡한 奏議가 작용하였으리라고 추측되거니와 의천도 자기 생전에 그러한 쾌거가 있었다는 점에서는 흔쾌히 생각하였을 것이다.

주체성의 선양

 의천은 그의 일생을 통하여 국내는 말할 것도 없고 대륙의 宋·遼 나아가 일본에까지 藏經 특히 章疏를 구하여 극력 수집하기에 힘썼으며 흥왕사에 藏經都監을 두어 이를 관리케 하였을 뿐만 아니라 續藏經 간행의 위업을 수행하였음은 너무나 유명하다. 入宋求道의 큰 뜻은 동시에 古今諸宗敎乘을 聚集하여 一藏으로 총괄하여 만세 후대에까지 무궁한 機根을 인도하여 返本還元케 하려는 것이 그의 本願이기도 하였다[5]. 이것이 그 당시에 있어서 문화의 국제적 교류를 촉진시켰음은 물론이요 아울러 주체성을 선양하는 기틀이 되었다.

 敎藏都監이 설치되었다는 흥왕사는 文宗 21년에 낙성된 절이요 준공까지에 12년이 걸렸다고 하였으니 문종 9년(1055)에 넷째 왕자로 의천이 태어나자 곧 착공한 셈이요 따라서 의천과는 처음부터 인연이 깊었다고 보겠다. 무려 2천8백 칸이나 되는 어마어마한 巨刹로서 戒行이 있는 승려 1천 명을 택하여 상주케 하였다고 하니 그 규모를 짐작할 만하다. 五晝夜에 걸쳐 연등대회를 하는데 왕궁의 대궐 뜰로부터 寺門에 이르는 20리 거리에 綵棚을 매어 즐비하고 겹치어 連亘相屬하였으며 輦路 좌우에는 燈山火樹를 만들어 빛이 대낮처럼 비쳤다고 한다.[6] 31년에는 金字華嚴經이 新成되었고, 32년에는 금탑이 만들어졌다. 순금

1백44근을 겉에 쓰고 순은 4백27근을 속에 넣어 조성된 금탑이다. 34년에는 이 금탑을 外護하는 석탑까지 만들어졌다. 바로 이러한 환경과 분위기 속에서 미상불 4천여 권의 續藏經이 간행된 것이다.

이러한 護法의 盛事는 국내에만 한한 것이 아니었고 의천을 통하여 加護의 손길이 널리 隣邦에까지 미쳤다. 즉 의천은 송나라 땅 가는 곳마다 인연을 맺은 사찰에는 修葺의 비용을 自請 부담하기도 하고, 장경을 기증하기도 하였으며, 講席에 참여할 때는 청강학도들을 위하여 施錢을 아끼지 않았다. 특히 慧因院에는 銀을 희사하여 敎藏 7천5백여 권을 비치케 하였으며[7] 귀국 후에는 또 金字華嚴經 三部를 보냈다. 이를 받은 淨源은 慧因一寺의 영광일 뿐 아니라 兩浙의 緇儒들이 모두 欽玩한다는 謝狀을 의천에게 썼다.[8] 그후 續藏의 간행을 따라 그의 전질이 기증되었으리라는 것은 말할 것도 없거니와, 淨源書에 의하면 그가 元曉·憬興·大賢 등 고려인의 章論에 관심을 가지고 求讀하고 싶어하였음이 짐작된다.

이에 대한 의천의 回書 같아 보이는 글에 大賢의 것은 이미 印本이 되어 먼저 부친다고 하였고 원효나 憬興의 것은 교정을 거듭하는 중이니 일이 끝나는 대로 계속하여 보내겠다고 말하고 있다.[9] 元炤律師에게는 원효의 十卷本楞伽經疏 8권을 기증하면서 曉公은 隋末에 降靈하여 唐初에 行化한 바 百處에 形을 나타내고 六方에 滅을 告하여 모든

經마다 疏를 지었고 論은 통치 않음이 없었다고 알리고 있다.[10] 善聰으로부터는 의천의 唯識單科 기타를 영수하였다는 말과 더불어 '宛同悉達垂迹無異'라고 왕자 의천의 高德을 讚仰하는 글을 보내 왔다.[11] 또 辨眞으로부터는 敎藏摠錄 2책과 唯識單科 3책을 灌手焚香하고 받들어 받았노라는 치사의 글도 왔다.[12]

이처럼 의천을 고맙게 생각하는 나머지 송나라 法師들로부터 청탁을 받은 일도 적지 않다. 그 예로서 淨源은 자기가 注한 法華의 詳校 開板을 간곡히 부탁하였고[13] 希湛은 法華經의 講席을 여는 데 재정적으로 찬조하여 준다면 肺腑可銘이요 終不敢忘德이라고 하면서 기부를 청하여 왔으며[14] 道亨은 ≪維摩通微≫라는 책의 鏤板이 거의 끝나게 되었으니 의천의 後序를 얻어 빛나도록 하여야 되겠다면서 사양치 말고 꼭 집필하여줄 것을 바라 기다리겠다고 하였다.[15]

그리하여 宋人들은 의천을 가리켜 '古佛出世'[16]라고 하는가 하면 '前佛後佛에 王宮幾人'[17] 또는 '法을 구한 賢哲이 많았다고 말하지 마라. 자고로 왕궁에 오직 한 사람뿐이다.'[18]라고 하여 석가에 견주기도 하였다. 급기야 道璘은 아직 살아 있는 고려 의천의 畵像을 慧因院에 모셔 놓고 香火를 常奉하여 이로써 庇護의 은덕에 보답하면서 있으니, 송나라의 慧因院이 바로 고려의 功德院이 되고 말았다고 하였다.

僧統畵像, 立生祠於院, 常奉香火, 以此爲報庇護之恩德也, 則慧
因正爲高麗之功德院耳(外集 제4, 道璘書)

필자 寡聞의 소치일는지는 모르나 이러한 예를 다른 데
서 들은 기억이 없다. 庇護의 은덕이라고 하지만, 의천은
聖者 같은 인품과 정신적인 깊은 이해에 감복함이 없이는
도저히 불가능한 일이었을 것이다.

北遼의 天佑帝는 일찍이 의천의 令名을 듣고 大藏과 諸
宗疏鈔 6천9백여 권을 보내왔고 기타 文書 藥物 金帛은
不可勝計이었다고 하거니와 대각국사 외집 권8에 遼皇에
게 曉公의 章疏를 올리는 표가 있었음을 보면 의천으로서
는 무엇보다도 원효의 저술을 우리 겨레의 대표적인 업적
으로 생각하여 천하에 널리 알리고 싶었던 것임에 틀림없
다. 馬鳴이나 龍樹의 저작에 비하여 손색이 없는 것이라고
확신하였음이 여기에서도 짐작된다. 遼 道宗 太康 9년
(1083)에는 僧善知에 詔를 내려 고려에서 進呈한 佛經들
을 讐校頒行케 한 일이 있었던 반면에 의천의 圓宗文類에
는 遼의 天佑帝가 製述한 釋摩詞衍論通玄引鈔文과 華嚴經
隨品讚이 수록되었고, 遼의 기타 學人들이 저술한 章疏로
서 고려에 전한 것 중 60부가 新編諸敎藏總錄에 기재되
었다. 그 중에서도 '一切經音義'와 '釋摩詞衍論'은 중국 본
토에도, 일본에도 그 당시 전하는 것이 없던 때요 특히 摩
詞衍論에 관한 章疏로 覺苑의 演密, 志福의 通玄鈔, 法悟

의 贊玄疏 등 遼人의 저작들이 高麗雕造의 續藏經으로써 일본에 전하여 애송되어 왔으며 일본에만 남아 있다고도 한다. 遼의 鮮演이 撰述한 '華嚴經談玄決擇 6권'은 고려 홍왕사에서 雕板된 것이 송으로 전하여 崇吳寺 釋安仁에 의하여 筆寫되었고 이 필사본이 일본에 再傳되어 현재 일본 續藏經에 수록되어 있다.[19] 遼人이 사신으로 고려에 오면 으레 토산물을 손에 들고 의천에게 拜面할 것을 청하였고, 고려의 사신이 遼에 가면 반드시 의천의 안부를 물었다 함이 우연이 아닌 것이다.

일본에도 일찍이 新編諸宗敎藏總錄이 전하여 義天錄이라는 명칭으로 珍重되어 왔으며 義天도 '寄日本國諸師求集敎藏疏'(문집 제14)가 있는 것으로 미루어 당시의 교류 관계가 추측된다. 후일에 일본인이 고려에 문서를 구함에 있어서 그 목록 속에 大覺國師碑銘이 들어 있었다 하니, 扶桑에 있어서까지 의천의 令名은 尊信을 받고 있었음을 알 수 있다.

의천의 사상을 논함에 있어서, 五刑之屬이 3천이로되 不孝보다도 더 큰 죄가 없고, 六度之歸가 8만이로되 行孝보다도 큰 복이 없다[20]고 하여 무엇보다도 효도를 강조하였으며, 부왕인 문종과 모후 인예왕비에 대하여 그의 지극한 효성을 생애를 통하여 몸소 躬行한 점을 간과할 수 없을 것이다. 또 치국의 경륜에 있어서도 가령 用錢의 이점을 예거하여 새로이 통화의 제를 실시케 하는 등 비범한 바 있었으나, 여기서는 나의 과제를 제한하여 더이상 논급하지 않기로 한다. 오직 의천의 철학적 사색의 방향과 태도를 어느 정도 밝힐 수 있다면 다행이다. 더 넓고 정밀한 고찰은 후일에 연구자료의 발견과 아울러 젊은 분들의 奮勵에 기대를 걸지 않을 수 없다.

그러나 이상으로서도 올바른 전통을 찾아 이를 확립시키는 동시에 이 겨레의 주체성을 적어도 정신적인 면에 있어서 널리 선양하려고 진력한 의천의 거룩한 모습은 짐작된다고 믿는 바이다.

주

1) 旣入寂, 聰碎遺骸, 塑眞容, 安芬皇寺, 以表敬慕終天之志, 聰時旁禮, 像忽廻顧, 至今猶顧矣(삼국유사 권제4 元曉不羈)
2) 문집 제20, 依海東疏講金剛經慶而有作, 참조
3) 여기서 원효의 疏 8권이라고 되어 있으나, 新編諸宗教藏總綠에 의하면 疏 7권, 宗要 1권으로 되어 있다. 따라서 8권이라고 함은 양자를 총칭함인 듯하다.
4) 天台一枝, 明夷于代, 昔者, 元曉菩薩, 稱美於前, 諦觀法師, 傳揚於後 (문집 제3, 新創國淸寺啓講辭)
5) 貴得歸鄕之日, 聚集古今諸宗教乘, 摠爲一藏, 垂於萬世, 導无窮機, 返本還元, 是其本願也(문집 제10, 제목 미상)
6) 고려사 세가 권8, 문종 2, 참조
7) 문집 제12, 金富軾撰 大覺國師碑銘, 참조
8) 외집 제2, 淨源書 제3, 참조
9) 문집 제11, 上淨源法師書 제2, 참조
10) 其曉疏八卷, 今先寄上, 然曉公, 降靈隋末, 行化唐初, 百處現形, 六方告滅, 有經皆疏, 无論不通(문집 제11, 答宋元炤律師書)

11) 외집 제6, 善聰書 제7, 참조
12) 외집 제5, 辨眞啓, 참조
13) 외집 제2 淨源書 제2, 참조
14) 외집 제5 希湛書, 참조
15) 외집 제6, 道亨書, 참조
16) 외집 제7, 行端書, 참조
17) 동상, 智生書 제2, 참조
18) 休言求法多賢哲, 自古王宮祇一人(외집 제4, 送高麗國王子祐世僧統淨源)
19) 고려와 遼와의 불교사적 관계는 일본 神尾一春著, 契丹佛化史 참고
20) 五刑之屬三千 而罪莫大於不孝, 六度之歸八萬, 而福莫大於行孝(문집 제3, 講蘭盆經發辭)

VI 知訥의 사상

사상적으로 보아 고려의 知訥(普照國師, 1158~1210)은 신라의 원효와 아울러 한국 불교의 대표적인 높은 두 봉우리의 하나다. 고려의 의천은 敎觀幷修의 입장에서 누구보다도 원효를 聖者로 추앙하였거니와(전장 V 참조) 지눌이 또한 자기 사상의 중요한 대목을 밝힘에 있어서 원효의 설을 인용하는 일이 많았다.

지눌이 修禪社를 창설한 松廣山 吉祥寺(오늘의 순천 송광사)는 지눌 자신을 비롯하여 뒤를 이은 十六國師가 배출된 것으로 유명하거니와 頓悟漸修와 定慧雙修를 주장한 지눌의 사상은 조선조에 있어서도 그대로 계승되어 休靜(1520~1604)의 ≪禪家龜鑑≫에 나타나 있음을 본다.

우리 나라의 불교입문서로서 地方學林에서 사용되어오는 4집(書狀·都序·禪要·節要)의 하나인 ≪節要≫는 지눌의 ≪法集別行錄節要入私記≫의 약칭인 것이요, 版刻 유포된 역사가 오래고 또 널리 필독의 교과서로서 인정되어 온 만큼 여러 종류의 판본이 나왔고 오늘날에도 전하고 있다.[1]

지눌의 가장 짜임새 있는 체계적인 역저라고 할 ≪眞心直說≫은 韓國禪書中의 백미라고 하거니와, 1933년에는 대만에서 林秋悟의 ≪白話註解≫가 나왔고, 1936년에는 일본에서 公田連太郎의 ≪校譯本≫이 나왔다. 미루어 지눌의 영향이 국내에서뿐만 아니라 외국에까지 미치고 있음을 알 수 있다.

이상으로써 한국 불교사상의 높다란 산맥의 계보와 동시에 지눌이 차지하고 있는 위치도 짐작하기에 족하다고 하겠다.

㈜

1) 지눌의 《法集別行錄節要入私記》는 여러 종류의 목판본을 지금도 볼 수 있거니와, 그의 연구서 내지 해설서라고 할 (1) 龍門山 霜峯 淨源의 《節要入私記分科》 (2) 雙鷄寺 晦庵 定慧의 《節要入私記畵足》 등의 간행물이 또한 목판으로 전하고 있으며 그 밖에 (3) 蓮潭 유일의 《法集別行錄節要科目竝入私記》가 있는 바, 그 허두에 '愚又就其節要及私記, 敢爲立科, 重爲私記……'라고 하였음을 보면 지눌의 私記에 대한 거듭된 私記임이 짐작된다. 지눌의 사상이 얼마나 중요시되어 연구 계승되어 왔는가를 넉넉히 알 수 있다.

1 廻光反照

자기가 본래 佛이요……중생이 본래 佛이니라.(眞心直說
'法語' 61 B)

원효에 있어서 和諍의 논리가 그의 전사상을 일관한 것이라면, 지눌에 있어서는 返照의 논리가 그의 信解全體의 기저를 형성하고 있다. 이 返照의 논리는 이미 제기되어 있는 諍論을 보다 고차적인 입장에서 화해시키는 것이라기보다는 한 걸음 더 파고들어 諍論無用의 밑바닥을 밝히려는 것이라고 하겠다.

論說是非는 아무 이익도 없는 것이니 쟁론의 승부를 삼가야 한다.(誡初心學人文) 단지 言敎를 따라 종일토록 쟁론을 한다 하여도 我慢勝負의 마음만 增長할 뿐 일생을 헛되이 보내고 말 것이다.(圓頓成佛論 '法語' 104A)[1] 그러기에 전래의 差別義理를 학습한 쟁론의 마음을 永除하여야 한다.(동상 92A)

지눌에 의하면 일체 중생은 愚智 善惡을 가릴 것 없이 심성을 가지고 있는 것이요 그 모두가 自然了了하게 常知하여 목석과는 다르다. 그러나 이것은 대상을 따라 분별하는 識이 아니요 修行한 나머지에 얻어지는 證悟의 智도 아니다. 바로 이것을 眞如自性이라고 하여 지눌은 화엄경 廻

向品에 있는 '眞如는 照明으로 體를 삼는다.'(節要私記 87)
는 말과 起信論의 '眞如自性에 大智慧 광명이 있다.'는 말
을 인용하고 있다.(圓頓成佛論 '法語' 108A)

心體가 자연 常知하는 知는 眞如의 照明인 것이요, 無住
心體의 靈知不昧함이니 '空寂靈知는 비록 分別之識이 아니
요 證悟의 智도 아니나 능히 識과 智를 生하여 혹은 凡 혹
은 聖, 造善, 造惡, 違順의 用이 勢變萬端하는 것이다.'

> 空寂靈知, 雖非分別之識, 亦非證悟之智, 然亦能生識之與智, 或
> 凡或聖, 造善造惡, 違順之用, 勢變萬端.(節要私記 89)

그러기에 '迷時에도 또한 알되 知는 본래 不迷하고 念起
에도 또한 알되 知는 본래 無念인지라 哀樂喜怒愛惡에 이
르기까지 하나하나 모두 알되 知는 본래 空寂하여 空寂하
면서 아는 것이다.'(동상 90) 諸法(대상적 존재)은 꿈과
같고 또 幻化와 같으므로 妄念이 本寂하고 塵境이 本空한
지라 諸法이 皆空한 곳에 靈知不昧하니 '이 空寂靈知之心
이 바로 너의 본래 面目이요 또한 三世諸佛과 歷代祖師와
天下善知識의 密密相傳하여 온 法印인 것이다.'

> 此空寂靈知之心, 是汝本來面目, 亦是三世諸佛, 歷代祖師, 天下
> 善知識, 密密相傳底法印也.(修心訣 '法語' 44B)

'諸法이 皆空한 곳에 靈知不昧하여 無情과 달라 性이 스

스로 神解하나니 이것이 너의 空寂靈知하는 淸淨心體다.
이 淸淨空寂의 마음이 三世諸佛의 勝淨明心이요 또 이 중
생의 本源覺性이다.'(동상 64B) '이 空寂한 마음이 聖人에
있어서도 더하지 않으며 범부에 있어서도 덜하지 않으므로
聖智에 있어서도 빛나지 않고 凡心에 숨어도 어둡지 않다
고 하였다. 이미 성인이라고 더하지 않고 범부라고 적은
것이 아니라면 佛祖가 어찌 사람과 다르겠는가. 사람과 다
른 것은 능히 스스로 心念을 두둔하여 보호하는 것뿐이다.'

此空寂之心, 在聖而不增, 在凡而不減, 故云, 在聖智而不耀, 隱
凡心而不昧, 旣不增於聖, 不少於凡, 佛祖奚以異於人, 而所以異於
人者, 能自護心念耳.(修心訣 '法語 46B~47A)

空寂靈知가 중생의 本源覺性이요 이 점은 聖과 凡이 다
를 수 없다고 한다. 知訥은 大慧禪師의 말을 인용하면서
'靈知'라고 한 것은 圭峯(宗密)이요 본래 荷澤(神會)은 그
저 '知'라고 하여 이 知之一字가 衆妙의 문이라고 하였다는
것이다.(節要私記 126) 이 知는 了自知의 知요 言不可
及이라고도 하여 '이른바 默이라는 것은 오직 知字를 默함
이요 전연 아무 말도 하지 않는다는 것이 아니니(동상
122) 그러다가 '宗旨의 滅絶을 염려하여 드디어 知之一字
가 衆妙之門'(동상 123)이라고 한 것이다. 그저 묵묵히 전
하면 다른 사람이 모르므로 袈裟로써 信標를 삼았고 그 나
타나게 전하면 학도가 쉽게 分辨하게 되는 것이나, 단지

言說로써 의심을 제거하는 것이니 이에 '宗密이 知의 一字를 이 佛祖가 대대로 相傳하여 宗을 나타낸 根源이라고 委示한 것이다.'

    宗密, 委示知之一字, 是佛祖代代相傳, 顯宗之源(節要私記 123)

지눌은 祖師의 妙道가 知에도 속하지 않고 不知에도 속하지 않음을 말하기도 한다.(修心訣 '法語' 44B, 眞心直說 '法語' 59B) 그러나 이때의 知는 곧 망상이요 不知는 無記를 말하는 것이라 하여 오직 중생이 스스로 본성을 보는 것이 필요하다고 하였다.(眞心直說 '法語' 59B) 그러므로 空寂靈知의 了了常知는 대상적인 존재(무상한 諸法)를 아는 分別知가 아니고 廻光 返照하여 자기의 본성을 깨치는 중생의 本源覺性이라고 한 것이다.

지눌에 의하면 '修心之士는 먼저 祖道로써 自心의 本妙함을 알아 문자에 구애하지 말 것이요, 그 다음에 논문으로써 마음의 體用을 辯할 것이라.'고 하여 敎보다도 禪을 분명히 선행시키고 있다.

    余謂修心之士, 先以祖道, 知自心本妙, 不拘文字, 次以論文, 辯心之體用.(華嚴論節要序 3)

그러면서도 지눌은 '世尊이 입으로 설한 것이 곧 敎가

되고 祖師가 마음으로 전한 것이 곧 禪이 되니 佛祖의 마음과 입이 서로 위배될 리가 없다. 어찌 근원을 다하지 않고 각기 所習에 安閒하여 망녕되이 쟁론을 일으켜 天日을 虛喪할 것이겠는가.' 하여 禪과 敎가 근원에 있어서 다를 리 없음을 주장한다.

> 世尊說之於口, 卽爲敎, 祖師傳之於心, 卽爲禪, 佛祖心口, 必不相違, 豈可不窮根源, 而各安所習, 妄興諍論, 虛喪天日耶.(華嚴論節要序 3)

지눌은 일찍이 講師들이 禪法을 배우지 않는 것을 매양 한탄하던 바 澄觀이 撰한 《華嚴經 貞元疏》 辨修證門을 보다가 그것이 禪旨와 合明함을 기꺼이 여겨 여기(節要私記)에 기록한다고 하였고,

> 牧牛子, 每恨講師, 不學禪法, 及觀澄觀所撰貞元疏, 至辨修證門, 喜其合明禪旨故, 錄之于此.(節要私記 38)

뿐만 아니라 지눌은 經文에서 禪과 일치하는 점을 찾기 위하여 산중(下柯山)으로 돌아가 3년 동안이나 대장경을 열람하다가 화엄경 출현품에 '一塵이 大千經卷을 含有한다는 대목을 설한 후에 결론으로 如來의 지혜가 또한 이와 같아 衆生身中에 具足하여 있으되 오직 凡愚들이 알지 못하며 깨닫지 못한다.'는 데 이르러 (너무 기뻐서) 經卷을

이마에 떠받들고 눈물 흘림을 미처 깨닫지 못하였다고 한다.[2]

그리하여 지눌은 華嚴에서 말하는 根本智가 凡夫의 初悟發心之源임을 밝히고 一切萬行에 知가 선도가 됨을 말한다. '日用中의 無明分別의 種으로써 문득 諸佛의 根本普光明智를 이룸은 諸佛의 根本智가 衆生無明의 마음으로 더불어 一體이기 때문이다. 그래서 금일의 凡夫가 根本智果海로써 初悟發心之源을 삼는 것이요…… 根本智로써 初發菩提心으로 삼는 것이니…… 一切萬行에 智가 선도가 되므로 智海를 잘 알면 一切行海, 菩提心海, 大慈大悲海가 이 根本智果海를 因由하지 않고 생기지 않는 법이다.'

> 以日用中無明分別之種, 便成諸佛根本普光明智, 以諸佛根本智, 與衆生無明之心, 本一體故, 所以, 今日凡夫, 以根本智果海, 爲初悟發心之源…… 以根本智, 爲初發菩提心…… 一切萬行, 智爲先導, 故善知智海, 一切行海, 菩提心海, 大慈大悲海, 莫不由斯根本智果海而生也.(圓頓成佛論 '法語 112A)

한 걸음 더 나아가 '一佛도 本智에 의하지 않고 생겨나지 않으며, 一衆生도 本智에 의하지 않고 생겨나지 않는다.'고까지 한다.

> 無有一佛, 不從本智而起, 無有一衆生, 不從本智而生.(圓頓成佛論 '法語 98B)

根本智는 그로 인하여 사람이 넘어지며 일어나는 땅(地)과도 같은 기저여서 모든 중생은 自心의 根本智로 인하여 넘어지고 自心의 根本智로 인하여 일어나는 것이다.[3]

'모든 중생이 본래 諸佛根本智로부터 생긴 것이므로 돌이켜 根本普光明智로써 菩提心을 발하는 시초로 한다.'고 하며,

> 以一切衆生, 從一切諸佛根本智生, 還以根本普光明智, 爲發菩提心之初也.(圓頓成佛論 '法語' 98A)

'廬舍那佛이 凡夫地를 따라 자발심으로 시작하여 菩薩道를 행하여 果地에 이르기까지…… 모두가 自心의 普光明智의 運爲인 것이다.'[4]라고 한다.

그러기에 '옛날에 도를 위한 자로서 돌이켜 범부로부터 오지 않은 자 있었더냐.' 하며, '一切諸佛의 근원을 알고자 하거든 自己無明이 본시 佛임을 깨쳐야 한다.'고 지눌은 기회 있을 때마다 거듭하여 강조하고 있다.

> 古之爲道者, 還有不從凡夫來者耶(結社文 '法語' 4A).
> 欲知一切諸佛源, 悟自無明本是佛.(圓頓成佛論 '法語' 99A 100B, 103A)

지눌은 심지어 佛이란 무엇인가에 대한 歸宗和尙의 대답을 인용하여 '바로 네가 부처니라.'고까지 한다.

如何是佛..... 卽汝是.(修心訣 '法語' 40A)

마치 동학의 東經大全에 '吾心卽汝心也'(論學文)라고 한 구절이 연상된다고 하겠다.

'佛性이 네 몸에 현재하는데 무엇하려고 밖에서 구하겠는가.'라고 하며,

佛性, 現在汝身, 何假外求.(修心訣 '法語' 39B)[5]

'佛卽是心'(修心訣 '法語' 38A), '自心是佛心'(結社文 '法語' 24B~25A), 또는 '自心是眞佛(修心訣 '法語' 38A)이라고 하기도 한다.

지눌은 이처럼 無漏智性이 본래 스스로 具足되어 있어서 중생인 내가 諸佛과 分毫도 다름이 없음을 밝히는 것을 一念廻光, 또는 一念廻機의 返照라고 한 것이다.

返照는 返照自心, 返觀自心之德用, 直了自心, 圓照自心, 觀照自心, 見自本心, 見自本性, 不忘照顧 등 여러 표현을 쓰고 있으나, 중생의 煩惱無明種種幻化가 모두 如來普光明智의 소생이므로 返照라고 하여 딴 것일 수 없고 본래 全是 자체요 外物이 아니다.

心眼이 未開하면 緣念諸境하여 返照를 아지 못한다. 兀然 端坐하여 外相을 취하지 않고 攝心內照하여 自性을 返照함이 필요하니 說理의 深淺이 귀한 것이 아니다. 一向外求하여 名相을 분별함이 마치 바닷속의 모래를 세는 것과

같아 光陰을 虛度함은 잘못이다.

지눌은 원효의 말을 인용하여 愚夫의 觀行은 밖으로 모든 이치를 구하되 더욱 細微하고 外相을 轉取하는 고로 도리어 背理去遠하기 하늘과 땅 같고 智者의 觀行은 이와 상반하여 밖으로 모든 이치를 잊고 안으로 자기의 마음을 구하되 구하는 마음이 지극하여 이치를 완전히 다 잊고 취하는 바도 다 잊어 취하는 마음이 모두 멸하면 능히 이치없는 지극한 이치에 이를 수 있는 것이라고 한다.(結社文 '法語' 8B)

분별이 겨우 생겨나자 起滅을 이루는 것 같으나 起滅轉變은 自心에 의하여 나타나는 것이니, 돌이켜 自心을 써서 返觀一遍에 거듭하지 않아도 圓光을 頂戴하고 靈燄이 번득여 心心이 無碍한 것이다.[6]

만일 친절한 返照의 공이 없이 한갓 쉽사리 現今에 了了能知를 佛心이라고 한다면 눈앞의 鑑覺을 空寂靈知라고 하여 眞妄을 分辨치 못한다면 悟心之士라고 할 수 없다.

言辭所說法은 小智의 妄分別이므로 장애가 생겨 自心을 了得하지 못한다. 返照의 공이 없이 글에 집착하여도 안 된다. 이것은 '名聞利養을 구하는 文字法師'(華嚴節要 451)의 일이다. 그러기에 '貪求文字를 삼가라.'(誡初心學人文)고 한다.

지눌은 '尋文의 狂慧'(結社文 '法語' 10A)라 하고 또 '乾慧'(동상)라고도 하여 이러한 공부를 하는 사람들이 말을 하면 越分過頭하고 知見이 偏枯하여 行解가 같지 않으니 윤회의 괴로움을 면치 못한다고 한다.

그러나 지눌은 참선공부를 하는 사람이 이른바 不立文字라 하여 문자에 의하지 않고 바로 密意를 서로 전하는데 道가 있다 하여 溟溟然 徒勞坐睡함은 잘못이니 言敎에 의하여 悟修의 본말을 決擇하여야 한다고 한다.(節要私記 1)

지눌에 의하면 '진심의 본체는 인과를 超出'(眞心直說 '法語' 65A)한 것이다. 敎門이 인과를 믿는 데 반하여 '祖門의 正信은 그와 달리 일체의 有爲因果를 믿지 않고 단지 자기가 본래 佛임을 믿는 것이 필요하다. 天眞自性이 사람마다 具足하여 涅槃妙體를 箇箇圓成하되 他에 구할 필요가 없고 종래로 스스로 가지고 있는 것'이라고 단적으로 밝히고 있다.

> 祖門正信, 非同前也, 不信一切有爲因果, 只要信自己本來是佛, 天眞自性 人人具足, 涅槃妙體, 箇箇圓成, 不假他求, 從來自備.(眞心直說 '法語' 61B)

'自心 속의 諸佛普光明智로써 모든 중생을 널리 비추면 衆生相이 곧 如來相이요 衆生語가 곧 如來語요 衆生心이 곧 如來心이요 내지 治生產業 工巧技藝가 모두 이 如來普光明智의 運爲의 相用이니 전연 다름이 없다.'

> 以自心內諸佛普光明智, 普照一切衆生, 則衆生相, 卽如來相, 衆生語, 卽如來語, 衆生心, 卽如來心, 乃至治生産業, 工巧技藝, 皆是如來普光明智, 運爲之相用, 都無別異也.(圓頓成佛論 '法語' 100B)

그러기에 '自心'을 返照하여 그 연원을 얻는다면 現今 一念의 性淨妙心을 가지고 隨染本覺이라고 하여도 되고, 性淨本覺이라고 하여도 되고, 無障碍法界라고 하여도 되고, 不動智佛 또는 盧舍那佛이라고 하여도 좋다는 것이다.

> 返照自心, 得其淵源, 則將現今一念性淨妙心, 作隨染本覺, 亦得, 作性淨本覺, 亦得, 作無障碍法界, 亦得, 作不動智佛, 亦得, 作盧舍那佛, 亦得.(圓頓成佛論 '法語' 110B~111A)

지눌은 그의 ≪六祖壇經跋文≫에서 간단히 '自心이 본래 佛임을 返照한다.'(返照自心本來是佛)고 하였다.

根本智가 그대로 理와 事, 性과 相, 중생과 佛, 自와 他, 染과 淨, 因과 果의 體性인 고로(圓頓成佛論 '法語' 93B) 本이 둘이 아니므로,(동상 94B, 97A) 體에 차별이 없는 고로,(동상) 觀自觀他에 同一性體라(동상 94B) 하는 것이요, '佛과 중생이 본래 根本普光明智의 性海로부터의 幻現이므로, 중생과 佛의 相用이 다른 것이 있는 듯하나, 전혀 이 根本普光明智의 相用인만큼, 본시 一體요 起用이 重重한 것이다.'

佛及衆生, 本從根本普光明智性海幻現故, 生佛相用, 似有差殊,
全是根本普光明智之相用也, 故本是一體, 而起用重重.(圓頓成佛論
'法語' 97A)

緣起門의 事事融攝을 논하는 입장에서는 중생과 佛이
體는 다르나 理를 따라 普遍함이 마치 因陀羅網 속의 구슬
들이 體는 다르되 그림자와 그림자가 서로 반사하여 어울
림과 같다고 한다. 그러나 知訥에 의하면 本智의 體는 (1)
단지 性淨本覺理佛인 것만도 아니요, (2) 본래 十世遠近延
促이 없으므로 當來할 果가 攝在함도 아니요, (3) 根本智
가 바로 自心의 佛인 고로 他果가 나에게 있음도 아니라고
한다.(圓頓成佛論 '法語' 97B, 118B)

返照의 기저를 根本智에 두는 지눌은 중생과 諸佛의 互
融을 넘어 철두철미 一體임을 강조하는 나머지 만일 그 體
가 各別하다면 이는 盲聾을 誑誘하는 妄語人일 것이라고
한다.(동상 108B) 그리하여 지눌의 중생과 佛의 同體思想
에 의하면 卽理佛이 卽事佛이요, 卽自佛이 卽他佛이요, 卽
因佛이 卽果佛이라는 것이니, 根本智의 大用에서 볼 때 佛
의 普光明智와 중생의 無明心이 바로 同體인 것이다. 그리
고 이 동체임을 밝히는 것이 지눌의 返照의 논리이다. 다
시 바꾸어 말한다면, '자기가 본래 佛'이요 '중생이 본래 佛'
임을 밝히는 것이 지눌의 返照의 논리다.

지눌은 일찍이 今日 범부의 최초 信入하는 문이 석연치

못하여 고민하던 바 李通玄長者의 華嚴論에서 十信初位을 풀이한 대목에 '범부로서 十信에 들기 힘든 것은 모두가 스스로 범부임을 인정하되 자기의 마음이 바로 不動智佛임을 인정하려고 하지 않기 때문'이라고 한 것을 읽고 다시금 信心을 더하여 부지런히 수행하기를 게을리 하지 않았다고 한다.(華嚴論 節要序 2)

그리하여 지눌에 의하면 '今時의 修心人은 먼저 자기 마음의 日用無明分別之種으로써 문득 諸佛不動智를 삼은 연후에 性에 의하여 禪을 닦은 것이 바야흐로 妙함이 된다.'고 한다.

　　今時修心人, 先以自心日用無明分別種, 便爲諸佛不動智然後, 依性修禪, 方爲妙爾(圓頓成佛論 '法語' 91A)

이처럼 나 자신이 佛이라는 返照를 信入의 기저로 삼는 지눌은 念佛修行을 위주로 하는 태도에 대하여 의아심을 표명한다. 正道가 沈隱된 末法의 시대라고 하여 彌陀를 念하며 淨土의 업을 닦기나 하는 것이 옳다는 논자에 대하여 지눌은 염불도 사문의 住持常法인만큼 방애가 될 리 없다고 하겠지만 근본을 다함이 없이 相에 집착하여 밖에 구하는 것은 智人의 웃음거리가 될지 모른다고 한다.(結社文 '法語' 2B)

이승을 穢土라고 하여 따로 淨土가 있다고 하며, 有佛處所와 無佛處所가 따로 있다든가, 像法이니 末法이니 하는 것은 모두 不了義經이요, 有佛世界니 無佛世界니 하지도 않고, 像法이다 末法이다 하지도 않고, 언제나 佛이 흥하며 언제나 正法이라고 하는 것이 了義經이다.(동상 3A)
'緣을 따라 物을 이롭게 하여 菩薩道만 행하면 비록 三界 속에 처하더라도 法性淨土 아님이 없다.'

　　隨緣利物, 行菩薩道, 雖處三界內, 無非法性淨土.(結社文 '法語 25A)

　공연히 겉모양에 집착하여 서쪽을 향하여 소리를 질러 佛을 부르며 往生하기를 懃求하되 佛祖의 비결을 오히려 名利의 學이라느니 또는 자기의 境界가 아니라느니 하여 置之度外하지만 저 佛境界의 莊嚴等事가 오는 것도 없고 가는 것도 없어서 오직 마음에 달린 것이요, 물이 맑으면 달이 나타나며 거울이 맑으면 그림자가 뚜렷하듯이(동상 27B, 29A) '마음이 깨끗한 고로 곧 佛土가 깨끗하다.' '佛土를 깨끗하게 하고자 하거든 그 마음을 깨끗이 할 것이니 그 마음이 깨끗함을 따라 佛土가 깨끗하여진다.'[7]
　그리하여 '어찌 총명 靈利한 마음으로 鈍根되기를 좋아하며, 제일의를 아지 못하고 단지 名號만 부를 것이냐.'고 한다.

　　豈以聰明靈利之心, 甘爲鈍根, 不解第一義, 但稱名號哉.(結社文 '法語' 34B)

지눌은 염불을 배격하는 것이 아니라 權學의 방편으로 본 것이요, 返照에 의하여 자신이 佛이라는 신념을 根本智에서 찾아 수행의 출발로 삼되 중생과 佛이 본래 동체임을 밝히기에 온갖 노력을 경주하였고, 그러기에 禪과 더불어 神會의 고명한 解悟와 나아가 李長者의 華嚴論에 심취한 것이요 지눌의 사상이 무엇보다도 철학적인 성격을 띠게 된 소이라고 하겠다. 동시에 나는 한국 불교사상의 훌륭한 특색이 여기에 발휘된 것이라고 생각한다.

주

1) 본장에서 인용 표시된 지눌의 저서들의 면수는, '定慧結社文, 修心訣, 眞心直說, 圓頓成佛論, 看話決疑論'은 法寶院 발행 ≪普照法語≫에 의거하였고, ≪華嚴論 節要≫는 金澤文庫本의 영인본에 金知見이 찍어넣은 면수 그대로요, ≪節要私記≫는 法輪社 발행본에 의거하였다.

2) 退歸山中, 坐閱大藏, 求佛語之契心宗者, 凡三周寒暑, 至閱華嚴經現出品, 擧一塵, 含大千經卷之喩, 後合云, 如來智慧, 亦復如是, 具足在於衆生身中, 但諸凡愚, 不知不覺, 予頂戴經卷, 不覺殞涕.(華嚴論 節要序 1~2)

3) 如人因地而倒, 因地而起, 一切衆生, 因自心根本智而倒, 因自心根本智而起.(華嚴論 節要 261)

4) '盧舍那佛, 從凡夫地, 始自發心, 行菩薩道, 至於果地…… 皆是自心普光明智之運爲也.'(동상 99B)

5) 여기서도 용담유사 敎訓歌에 '네 몸에 모셨으니 捨近取遠 하단 말가.'라는 구절이 연상된다.

6) 分別纏生, 似成起滅, 起滅轉變, 從自心現, 還用自心, 返觀一遍, 一返不再, 圓光頂戴, 靈燄騰輝, 心心無碍(節要私記 86)

7) 心淨故, 卽佛土淨.(結社文 '法語' 30A)
 欲淨佛土, 當淨其心, 隨其心淨, 卽佛土淨.(동상 27B)

2 頓悟漸修

 범부가 깨치지 못하였을 때에 물체로 몸을 삼고 망상으로 마음을 삼아 自性이 곧 참된 法身인 줄 모르며, 자기의 靈知가 곧 참된 佛인 줄을 몰라 마음 밖에서 佛을 찾아 물결같이 虛浪하게 달리다가 홀연히 善知識의 入路 지시를 받아 '一念廻光하여 자기 본성을 보면 이 性地가 원래 번뇌가 없고 無漏의 智性이 본래 스스로 具足하여 곧 諸佛로 더불어 分毫도 다르지 않으므로 頓悟라고 하는 것이요,' 이 頓悟의 頓이라고 함은 '처음에 階級漸次가 없기 때문이다.'

　　一念廻光, 見自本性, 而此性地, 原無煩惱, 無漏智性, 本自具足, 卽與諸佛, 分毫不殊, 故云頓悟也.(修心訣 '法語 43A)
　　初無級漸階次, 故云頓也.(節要私記 79)

 返照에 의하여 나 자신과 佛이 동체임을 깨침에 있어서 그것의 修行을 따라 점진적으로 되는 것이 아니요 대번에 이루어진다는 의미에서 頓悟라고 한 것이다.
 '네가 만일 믿어 疑情이 대번에 쉬고 장부의 뜻을 내어서 진정한 견해를 발하여 친히 그 맛을 맛보아 스스로 自肯하는 데 이르면 곧 이 修心人의 解悟處가 되나니 다시 계급과 次第가 없으므로 頓이라고 한다.'[1]

'初心 범부가 緣을 만나 바야흐로 自心 根本光明智를 了解하는 것이요, 漸修로 인하여 공이 이른 연후에 깨치는 것이 아니다.'[2] '諸佛의 不動智를 頓悟하여 써 初悟發心之源을 삼는다'

頓悟諸佛不動智, 以爲初悟發心之源.(동상 92B)

그래서 '문득 靈明한 知見을 깨치나니 이것이 자기의 진심이다.'라고도 한 것이다.[3]

그러나 본성이 佛과 더불어 다름이 없음을 깨쳤다 하더라도 無始習氣를 갑자기 버린다는 것은 힘든 일이므로 悟에 의하여 수행하여야 한다. 점차로 薰化하여 공이 이루어지고 聖胎를 오래 길러 마침내 聖이 되는 고로 漸修라고 한다. 마치 어린애가 처음 날 때 諸根이 具足하여 다른 사람과 다름이 없으나 그 힘이 차지 못하다가 어지간히 세월이 지나서야 비로소 사람 구실을 하는 것과 같다고 하겠다.(修心訣 '法語' 43A—B)

'이치인즉 頓悟라 깨침을 따라 아울러 녹으려니와 事는 頓除가 되지 않는다. 次第를 따라 다하다.'

理卽頓悟, 乘悟倂消, 事非頓除, 因次第盡.(修心訣 '法語' 42A)

頓悟가 비록 佛과 같으나 多生의 習氣가 깊어 마치 바람은 멎었지만 아직도 물결이 일고 있음과 같다. 때때로 똑

똑한 사람들이 그리 힘 안 들이고 약간 깨쳤다고 문득 용이한 마음이 생겨 다시 修治하지 않고 日久月深에 전과 같이 유랑하여 윤회를 면치 못하나니 어찌 한때의 깨친 바로써 대번에 後修를 저버릴 수 있겠는가, '悟後에도 두고 두고 照察하여 망념이 忽起하면 절대로 따르지 않고 덜고 또 덜어 써 무위에 이르러 비로소 究竟인 것이니 천하의 善知識의 悟後의 牧牛行이 바로 이것이다.'

    悟後, 長須照察, 妄念忽起, 都不隨之, 損之又損, 以至無爲, 方始究竟, 天下善知識, 悟後牧牛行, 是也.(修心訣 '法語; 48A)

頓悟漸修는 이것을 비유한다면, 悟는 日照와 같아 대번에 萬法이 밝아짐이요 修는 거울을 닦음과 같이 漸瑩 漸明한다.(節要私記 46) 氷池가 모두 물임을 알았다고 얼음이 물로 변한 것은 아니다. 陽氣를 빌려 비로소 녹아 물이 流潤하여 바야흐로 灌漑의 공을 다할 수 있음과 같다.(結社文 '法語' 7B, 修心訣 '法語' 42A)

하여간 '迷로부터 깨치는 것이 곧 頓이요, 凡을 轉하여 聖을 이루는 것이 곧 漸이다.'

    從迷而悟, 卽頓, 轉凡成聖, 卽漸.(節要私記 29)

그리하여 지눌은 頓悟漸修를 斷障의 소극적인 면과 成德의 적극적인 면으로 나누어 비유하기도 한다. 즉 해가

頓出함으로써 霜露가 漸消함은 斷障的인 비유요, 어린애가 頓生함으로써 志氣가 漸立함은 成德的인 비유라는 것이다.

  約斷障說, 如日頓出, 霜露漸消, 約成德說, 如孩子頓生, 志氣漸立.(節要私記 60)

화엄경에 설하기를 初發心時에, 곧 正覺을 이룬 연후에 높은 경지들을 次第로 修證하는 것이니 만일 깨치지 못하고 수행한다면 그것은 眞修가 아니다. 그러기에 오직 이 頓悟漸修만이 佛乘에 부합하고 圓音에 어긋나지 않는 것이라고 한다.[4]

만일 먼저 심성을 깨침이 없으면 無量無數劫海에 그 難行을 能行하며, 難忍을 能忍할 수 있겠는가. '先悟後修는 비단 今生一期의 得入之門일 뿐만 아니요 바로 고금 성현의 시종의 行이니 三世에 통하는 것이다.'[5]

지눌에 의하면 石鞏和尙이 馬祖를 보고 發悟한 후에 牧牛行을 한 것이 바로 悟後漸修인 것이요.(節要私記 70) 더구나 우리의 '원효법사가 彌陀證性偈에서 깊이 往古 諸佛의 先悟後修의 문을 밝힌 바 있어서 지금 세상에 성한다.'고 하였다.

  曉公法師, 亦有彌陀證性偈, 深明往古諸佛, 先悟後修之門, 而今盛行于世.(節要私記 67)

지눌 당시에 고려에 있어서 先悟後修의 사상이 아마도 일반 통념으로 성행된 것이 짐작되거니와 지눌 스스로 호를 牧牛子라고 한 뜻도 悟後의 수행을 중시한 소치요 신조를 그대로 상징한 것 같다. 그리하여 드디어 頓悟漸修야말로 일체 賢聖의 軌轍이라는 투의 말을 거듭하게 된 것일 게다.(節要私記 78, 修心訣 '法語' 41B)

그러기에 설사 頓悟頓修의 경우가 있다 치더라도 이것은 最上根機의 得入이요 만일 과거를 미루어 본다면 이미 多生에 있어서 悟에 의하여 수행하여 漸熏되어 온 것이니 今生에 이르러 들은즉 곧 悟을 발하여 일시에 頓畢한 것이나 사실을 논한다면 이것도 先悟後修인 것이니 이 頓漸의 兩門이 千聖의 軌轍인 것이요 從上의 諸聖이 先悟後修 아닌 것이 없다고 한다.(修心訣 '法語' 41B)

물론 깨치기 이전의 수행이 있을 수 없다는 것은 아니다. 그러나 지눌에 의하면 수행이 깨침에 앞서는 경우에 비록 用功을 잊지 않아 念念 熏修한다지만 부딪는 곳마다 의심이 생겨 걸림이 없지 못하여 마치 一物이 흉중에 걸려 있음과 같아 불안한 相이 언제나 나타나 앞에 있는지라 일구월심에 對治의 공이 익으면 身心의 客塵이 마치 輕安한 것 같을 것이나, 비록 다시 輕安하더라도 의심의 뿌리가 끊기지 않음이 돌로 풀을 누름과 같아 생사경계에 自在할 수가 없는 것이니, 그래서 수행이 깨치기에 앞서 있음이 眞修가 아니라고 한다는 것이다.

修在悟前, 則雖用功不忘, 念念熏修, 着着生疑, 未能無礙, 如有一物, 礙在胸中, 不安之相, 常現在前, 日久月深, 對治功熟, 則身心客塵, 恰似輕安, 雖復輕安, 疑根未斷, 如石壓草, 猶於生死界, 不得自在, 故云, 修在悟前, 非眞修也.(修心訣 『法語』 54B)

지눌은 이상과 같은 頓悟漸修의 입장에서 法集別行錄을 따라 懷海의 洪州宗, 法融의 牛頭宗, 神秀의 北宗, 그리고 神會의 荷澤宗 등 禪의 대표적인 사상들을 차례로 비판하고 있다. 즉,

(1) 洪州는 直顯心性宗이니 一切皆眞이라 貪嗔도 慈善도 같이 모두 佛性이니 아무런 구별도 있을 수 없다고 하여 비유하자면 구슬이건 돌덩어리건 분별함이 없이 모두 摩尼珠라고 주장하는 것 같아 情性을 믿어 방임함이 頓悟門에는 비록 가까우나 꼭 들어맞힌 것이 못 되고 漸修門에 있어서 완전히 어긋나고 있다.

(2) 牛頭는 泯絶無寄宗이니 一切皆無라 구슬이건 돌이건 그의 여러 가지 빛깔이 모두 허망하여 徹體 全空이라 하니 이것은 空寂만을 설하고 靈知의 밝음을 드러내지 못한 것이다. 空에 達하고 明에 미급하다는 뜻에서 頓悟門에 半了라 하겠고 情을 잊은 경지이므로 漸修門에는 모자람이 없다.

(3) 北宗은 암흑을 磨拭하는 식의 漸修가 있을 뿐이요 頓悟가 전무하므로 修도 또한 眞修일 수 없다.

(4) 荷澤은 반드시 먼저 頓悟하고 悟에 의하여 修한다.

(이상 節要私記 11)

摩尼珠의 明自體가 모든 빛깔을 비추되 그 자신 變易이 永無함을 모르고 洪州는 黑等을 그대로 摩尼珠라 하고 北宗은 黑을 떠나서 摩尼珠를 찾으려 하며 牛頭는 모든 빛을 그저 무라고 하니 하나같이 摩尼珠를 보지 못한 것이다. (節要私記 24) 이에 대하여 荷澤 神會야말로 悟解가 高明하고 決擇이 了然한데 宗密 圭峯이 바로 이 宗旨를 전승하였다고 지눌이 그의 節要私記 허두에 칭탄하였고 節要私記를 지은 동기가 그에 있음을 피력하고 있다.

그러나 지눌은 먼저 荷澤에 따라 自心의 性相體用을 決擇하여 空寂에 떨어지지 않고 隨緣에 걸리지 않아 진정한 了解를 發한 연후에 洪州와 牛頭 두 宗의 뜻을 歷覽하면 그것이 荷澤과 如合符節하므로 취사의 念이 妄生하지 않고 도리어 그 뜻을 扶現하게 된다고 하여 修心者는 疑念을 내지 말라고 주의하고 있다.

明珠를 親見하면 黑이자(그것이 幻影일 뿐) 곧 無黑이므로 牛頭와 같고, 黑이자(유영을 나타내고 있는 그대로) 곧 明珠이므로 洪州와 같다는 것이다.(節要私記 23)

뿐만 아니라 지눌은 宗密 圭峯의 頓悟漸修가 淸凉의 그것과 다른 점도 예리하게 분석하고 있다. 즉 淸凉이 悟를 修에 따르게 함으로써 漸門에 서는 데 대하여 圭峯은 修를 悟에 따르게 함으로써 頓門에 서는 것이라고 하여 각기 旨趣가 있다고 한다. 그러나 이것도 지눌은 兩不相妨이라고 하여 悟가 만일 철저한 悟라면 어찌 漸修에 滯하며, 修가 만일 眞修라면 어찌 頓悟를 떠나겠는가 하여 離文取義할 것이요 名言에 滯하지 않는 것이 긴요하다고 주의하고 있다.(節要私記 48)

이상과 같이 지눌이 구구하게 先悟後修의 본말의 뜻을 揀辨하는 것은 그에 의하면 初心으로 하여금 自屈하지도 않고 自高하지도 않아 了然히 그 곡절을 스스로 보아 끝내 混濫하지 않도록 하기 위한 것이다.

> 今吾區區, 揀辨先悟後修本末之義者, 要令初心, 不自屈, 不自高, 了然自見其曲折, 終不混濫也.(節要私記 130)

여기서 自屈이라고 함은 修心人으로서 自心이 바로 佛心임을 모르고 見性을 菩薩과 같은 특정된 존재만이 가능한 일이라고 下劣에 甘處하는 태도요, 自高라고 함은 自恃라고도 하여 自心의 開發處가 싹트자 대번에 法慢이 생겨 발하는 바 言句가 越分過頭함을 의미한다.[6] 이 양자가 바로 頓悟漸修를 모르기 때문이니 不自屈 不自高라야 바야흐로 得意의 修心者라는 것이다.(節要私記 32, 74, 結社文 '法語' 22A)

주

1) 汝若信得及, 疑情頓息, 出丈夫之志, 發眞正見解, 親嘗其味, 自到自肯之地, 則是爲修心人, 解悟處也, 更無階級次第, 故云頓也.(修心訣 '法語' 47A)

2) 初心凡夫, 會緣, 方了自心根本普光明智, 非由漸修功至然後, 悟也.(圓頓成佛論 '法語 112B)
3) 忽悟靈明知見, 是自眞心.(節要私記 29)
4) 華嚴, 說初發心時, 卽成正覺然後, 三賢十聖, 次第修證, 若未悟而修, 非眞修也.(節要私記 60)

   華嚴經, 說初發心時, 便成正覺然後, 登地, 次第修登, 若未悟而修, 非眞修也, 唯此頓悟漸修, 旣合佛乘, 不違圓音.(동상 76)
5) 先悟後調, 非但今生一期得入之門, 是乃古今聖賢, 始終之行, 通於三世矣.(節要私記 68~9)
6) 自屈과 自高를 평하여 다음과 같이 말하기도 한다.

   若言此法, 非是凡夫境界, 是菩薩所行, 當知是人, 滅佛知見, 破滅正法. (結社文 '法語 4A)

   今見世人, 有參學者, 纔知有個本來佛性, 乃便自恃天眞, 不習衆善, 豈只於眞心不達, 亦乃麤成懈怠, 惡道尙不能免, 況解生死, 此見大錯也. (眞心直說 '法語 82A)

3 定慧雙修

悟後의 수행은 定과 慧의 두 문밖에 없다. 定이 없고 慧가 없으면 이것이 狂이요 이것이 愚다.

> 修行, 不出定慧爾.(節要私記 40)
> 無定無慧, 是狂是愚.(동상 37)

緣을 멈추는 공으로 인하여 마음이 定하여 寂然不變하는 것이 定이요, 觀照의 공으로 인하여 知가 분별이 없음을 慧라고 한다.(結社文 '法語' 19A) 지눌은 수행의 방법으로 이 定慧를 雙修하여야 한다고 하며, 雙修라는 말 대신 等持라는 말로 표시하여 定慧等持하여야 한다고 하기도 한다.

지눌은 ≪法集別行錄≫에 의하여 定慧를 寂과 知에 해당함을 밝히고 있다. 즉 처음의 發心으로부터 成佛에 이르기까지 오직 寂이요 知일 뿐인데 이 寂과 知가 수행의 지위를 따라 이름을 달리한다.

了悟時에는 理智라고 한다. 이때 理가 곧 寂이요 智가 곧 知인 것이다.

發心하여 닦을 때에는 止觀이라고 한다. 塵緣을 止息함은 寂과 契合하고 性想을 觀照함은 知와 冥合한다.

뜻대로 修行을 이룸을 定慧라고 한다. 위에서 언급한 바와 같이 그때의 定이라는 것은 寂然不變을 의미하고 慧라는 것은 분별없는 知를 의미한다.

그리고 번뇌가 다하고 功行이 원만하여 成佛한 때에는 菩提 涅槃이라고 한다. 같이 범어인데 菩提는 覺, 즉 知를 의미하고 涅槃은 寂滅, 즉 寂을 의미한다.

이처럼 理智·止觀·定慧·菩提涅槃은 모두 寂知의 異名이요, 오직 寂과 知뿐이라는 것을 惺惺寂寂이라고 하기도 한다.(이상 結社文 '法語' 19A)

寂寂은 外境 善惡 등의 일을 생각하지 않음을 말하고 惺惺은 昏住 無記 등의 相을 生하지 않음을 말한다. 만일 寂寂하고 惺惺하지 않으면 이것은 昏住요, 惺惺하고 寂寂하지 않으면 이것은 緣慮다. 寂寂하지도 않고 惺惺하지도 않으면 이것은 비단 緣慮일 뿐만 아니라 昏에 들어 住함이다. 寂寂하기도 하고 惺惺하기도 함은 역력할 뿐만 아니라 겸하여 또 寂寂함이니 이것이 근원으로 돌아가는 묘한 性이다. 그리고 이것이 바로 修心人의 定慧等持하여 佛性을 明見하는 妙門인 것이요(結社文 '法語' 14A) 그러기에 '妙心이라고 하는 것은 이 惺惺寂寂의 마음인 것이다.'[1]

'理에 들어가는 천 가지 문이 定慧 아님이 없고 그 綱要를 취하면 다만 自性 위에 體와 用의 두 뜻뿐이니 전에 이른바 空寂과 靈知가 이것이다. 定은 이 體요 慧는 이 用이라 體에 卽한 用이므로 慧는 定을 떠나지 않고 用에 卽한

體이므로 定은 慧를 떠나지 않는다. 定하면 곧 慧하는 고로 寂하되 항상 知하고 慧하면 곧 定하는 고로 知하되 항상 寂한다.'

入理千門, 莫非定慧, 取其綱要, 則但自性上, 體用二義, 前所謂空寂靈知是也, 定是體, 慧是用也, 卽體之用, 故慧不離定, 卽用之體, 故定不離慧, 定則慧, 故寂而常知, 慧則定, 故知而常寂.(修心訣 '法語' 50B)

'定은 自心의 體요 慧는 自心의 用이라 定이자 곧 慧이므로 體는 用을 떠나지 않고 慧이자 곧 定이므로 用은 體를 떠나지 않는다. ……이 定慧의 두 문이 수행의 要니 佛祖의 大旨요 經論이 詮을 같이하는 것이다.'

定是自心之體, 慧卽自心之用, 定卽慧故, 體不離用, 慧卽定故, 用不離體. ……此定慧二門, 修行之要, 佛祖大旨, 經論同詮.(節要私記 43~44)

'공부할 때에 비록 眞體에 冥合하여 一味 空寂하나 그 중에 안으로 靈明이 숨어 있으니 이에 體卽 用이라.'

做功夫時, 雖冥合眞體, 一味空寂, 而於中, 內隱靈明, 乃體卽用也.(眞心直說 '法語' 75A)

體와 用은 하나도 아니요 異도 아니다. 妙體는 부동이라

諸對待를 초월하여 일체의 相을 떠나 있고, 妙用은 隨緣이라 모든 萬類를 응하여 망녕되이 허상을 세워 형상이 있는 것 같으니 이 無相과 有相은 하나가 아니요, 用은 體에서 발하므로 用은 體를 떠나지 않고 體는 능히 用을 발하므로 體는 用을 떠나지 않는다. 서로 不相離이므로 異가 아니다. 마치 물이 濕으로 體를 삼으나 水性과 波相이 하나는 動하고 하나는 부동이므로 1이 아니다. 그러나 波外에 물이 없고 水外에 물결이 없다. 濕性은 하나이므로 異가 아니다.(眞心直說 '法語' 68B)

그러나 眞心本體에는 2종의 用이 있어서 첫째 自性本用이요, 둘째 隨緣應用이다. 銅鏡에 있어서 銅의 質은 이 自性體요 銅의 明은 이 自性用이며, 明이 나타내는 바 그림자는 이 隨緣用이라 그림자는 곧 緣을 대하면 바야흐로 나타나 그 나타남이 천 가지로 다름이 있으나 明은 언제나 明이라 明은 오직 一味니 써 心常寂은 이 自性體요 心常知는 이 自性用임을 비유한 것이다. 이에 能語言, 能分別 등은 이 隨緣用임을 알 것이다.

> 眞心本體, 有二種用, 一者, 自性本用, 二者, 隨緣應用, 猶如銅鏡, 銅之質, 是自性體, 銅之明, 是自性用, 明所現影, 是隨緣用, 影卽對緣方現, 現有千差, 明卽常明, 明唯一味, 以喩, 心常寂, 是自性體, 心常知, 是自性用, 此知能語言, 能分別等, 是隨緣用.(節要私記 27)

그러기에 지눌에 의하면 洪州宗에서 能語言 등을 指示함은 오직 隨緣用일 뿐이요, 自性用을 결한 것이라고 한다.(동상)

그리하여 悟後修門의 定慧等持에도 두 가지의 뜻이 있다. 하나는 自性定慧요 또 하나는 隨相定慧다. 自性門은 저절로 寂知하여 원래가 스스로 無爲하여 一塵도 對를 지음이 없으매 遣蕩의 功을 수고로이 할 것이 없고 一念도 情을 生함이 없는지라 忘緣의 힘을 빌릴 것이 없는 만큼 이것을 頓門의 특수한 자의 自性을 떠나지 않고 定慧를 等持하는 것이라고 한다.

그에 대하여 隨相門定慧라고 하는 것은 理에 稱合하여 散亂을 攝하며, 法을 揀擇하여 空을 觀하여 昏沈과 散亂을 均調하여 써 無爲에 드는 것인 만큼 이는 漸門劣機의 행하는 바라고 한다.(이상 修心訣 '法語' 52B)

만일 번뇌가 淡薄하고 신심이 輕安한 機勝者라면 自性을 떠남이 없이 定慧를 뜻대로 雙修하되 天眞無作하고 動靜이 常禪이라 자연의 理를 성취하나니 어찌 相을 따라 對治할 필요가 있겠는가. 병이 없으매 약을 구하지 않음과 같다. 이때 心地에 亂이 없음을 自性定이라 하고 心地에 癡가 없음을 自性慧라 하여 이것을 自性定慧라고 한다는 것이다.(修心訣 '法語' 54A 結社文 '法語' 11A~B)

비록 먼저 頓悟하였으나 번뇌가 농후하고 習氣가 堅重하여 경계를 대하여 念念에 情이 생기고 緣을 만나매 마음마다 對를 지어 昏沈과 散亂의 해침을 입어서 寂知가 언제나 그러함을 昧却하는 자는 對治를 잊지 말고 昏沈과 散亂을 均調하여 써 無爲에 들어가는 것이 마땅하다.(修心訣 '法語' 54A) 이것을 隨相門定慧라고 하여 위의 自性定慧와 구별하고 있다.

寂知하여 定인 遮와 慧인 照가 서로 떠나지 않으면 이 頓門에서 定慧를 雙으로 닦음이 되거니와, 먼저 寂寂으로써 昏住를 다스린다 하여 선후로 對治하여 昏沈과 散亂을 均調하여 써 靜에 드는 者는 이 漸門劣機의 행하는 바가 되는지라 惺과 寂을 等持한다고 하지만 靜을 취하여 행함을 면치 못함이니 곧 어찌 일을 마친 사람의 본래 寂하며 본래 知함을 떠나지 않고 뜻대로 雙으로 修하는 자가 되겠는가.(修心訣 '法語' 50B)

禪門에는 오직 北宗만이 定慧에 漸次 선후의 뜻이 있는 것이요, 頓宗에는 전연 單修의 相이 없다.

> 唯北宗, 定慧, 有漸次先後之意, 頓宗, 全無單修之相.(節要私記 39~40)

그러기에 '먼저 정하고 慧를 발한다든가 먼저 慧하고 정을 발한다고 하여서는 안된다.'

> 莫言先定發慧, 先慧發定.(節要私記 41)

能悟(人)와 所悟(法)가 있음으로써 修治하는 門은 漸宗의 離垢定慧(隨相定慧)에 속하고 心地가 無癡 無亂함으로써 能所觀을 떠난 것을 이름하여 頓宗의 自性定慧라고 부르는 것이다.(節要私記 29)

頓宗의 닦는 바 定慧는 곧 自性中의 두 뜻이므로 能所觀이 없고 다 못 스스로 깨쳐 수행하는 고로 선후가 없고 선후가 없으므로 動靜이 없고 動靜이 없으므로 法我가 없고 法我가 없으므로 眞에 稱合한 行이라고 할 수 있다.

> 頓宗所修定慧, 卽自性中二義, 無能所觀, 但自悟修行故, 無先後, 無先後故, 無動靜, 無動靜故, 無法我, 無法我故, 可謂稱眞之行.(節要私記 42)

그러나 지눌에 의하면 隨相門定慧가 비록 漸門劣機의 소행이긴 하나 對治門中에 없을 수 없다고 한다. 즉 여기서는 六根이 경계를 攝하여 마음이 緣을 따르지 않음을 定이라 하고 마음과 경계가 같이 空하고 照鑑이 惑이 없음을 慧라고 한다. 이것이 비록 隨相門定慧요 漸門劣機의 소행이긴 하나 對治門中에 없을 수 없다. 만일 망상이 熾盛하거든 먼저 定門으로써 理에 稱合하고 散亂을 攝하여 마음이 緣을 따르지 않음은 본래의 寂에 契合함이요, 만일 昏沈이 더욱 많거든 다음에 慧門으로써 法을 택하여 空을 보되 照鑑에 惑이 없음은 본래의 知에 契合함이라. 定으로써 亂想을 다스리고 慧로써 無記를 다스려 動靜相이 없어지고

對治의 功이 끝마치면 경계를 대하되 念念이 宗에 돌아가고 緣을 만나되 마음마다 道에 契合하여 저절로 雙修하여 바야흐로 無事人이 될 것이니 만일 이같은즉 참으로 定慧를 等持하여 佛性을 明見한 자라고 할 수 있을 것이다.[2]

깨친 사람의 分上에는 비록 對治하는 방편이 있으나 念念이 의심이 없어서 더럽혀 물드는데 떨어지지 아니하여 日久月深하면 자연히 天眞妙性에 契合하여 저절로 寂하고 知하여 念念히 일체 경계를 攀緣하되 마음마다 길이 모든 번뇌를 끊어서 自性을 떠나지 않고 定慧를 等持하여 無上의 菩提를 성취하여 前의 根機가 勝한 자로 더불어 다시 차별이 없으리니, 곧 隨相門의 定慧가 비록 이 漸機의 행할 바이나 깨친 사람의 分上에는 가히 쇠를 점쳐 金을 이룸이라고 할 것이다. 만일 이같은 것을 안다면 어찌 두 문의 定慧로써 先後次第 二見의 의심을 두겠는가. 원컨대 모든 도를 닦는 사람은 이 말을 연구하고 맛보아 다시 狐疑하여 스스로 退屈을 내지 말기를 바라노라[3]고 한다.

지눌은 그가 승과에 합격하던 임인년 바로 25세 되던 해에 이미 동학 10여 인과 더불어 定慧結社를 맹약한 일이 있었으나 사정으로 인하여 실현은 못 보았던 바 그로부터 5년 후인 무신년 30세 때 得材라는 禪老의 간청으로 下柯山 普門寺에서 팔공산 居祖寺로 이주하게 되매, 지눌은 거기서 널리 禪敎儒道의 名利를 포기한 高士들을 맞아 주야로 定慧의 수행에 정진하면서 경술년(1190) 32세 때에는 지금 남아 있는 ≪勸修定慧結社文≫을 지었다. 그리고 경신년 42세 때에 송광산 길상사, 지금의 순천 송광사로 옮아가 절 이름을 定慧社라고 하려다가 마침 옆에 同名의 定慧寺라는 절이 있었으므로 이를 피하여 修禪社라고 하였다. 그러나 結社文은 이미 유포된 때인만큼 전의 내용이나 이름 그대로 彫板 간행하게 된 것이라고 한다.(結社文 허두와 金君綏撰 普照國師碑銘 참조) 미루어 定慧雙修야말로 지눌 사상의 골자요 또 일생의 수행방법으로 자초지종 실천한 것이요 나아가 두고두고 후세에 막대한 영향을 끼친 것임이 짐작된다고 하겠다.[4]

㈜
1) 言妙心者, 是惺惺寂寂之心也.(結文社 '法語' 22B)
2) 六根攝境, 心不隨緣, 謂之定, 心境俱空, 照鑑無惑, 謂之慧, 此雖隨相門定慧, 漸門劣機所行也, 對治門中不可無也, 若悼擧熾盛, 則先以定門, 稱理攝散, 心不隨緣, 契乎本寂, 若昏沈尤多, 則次以慧門, 擇法觀空, 照鑑無惑, 契乎本知, 以定治乎亂想, 以慧治無記, 動靜相亡, 對治功終, 則對境而念念歸宗, 遇緣而心心契道, 任運雙修, 方爲無事人, 若如是, 則眞可謂, 定慧等持, 明見佛性者也.(修心訣 '法語' 52A)
3) 悟人分上, 雖有對治方便, 念念無疑, 不落污染, 日久月深, 自然契合天眞妙性, 任運寂知, 念念攀緣一切境, 心心永斷諸煩惱, 不離自性, 定慧等持, 成就無上菩提, 與前機勝者, 更無差別, 則隨相門定慧, 雖是漸機所行, 於悟人分上, 可謂點鐵成金, 若知如是, 則豈以二門定慧, 有先後次第二見之疑乎, 願諸修道之人, 硏味此語, 更莫狐疑, 自生退屈.(修心訣 '法語' 55B)
4) 東學呪文 '侍天主造化定, 永世不忘萬事知'의 定과 知를 定者는 合其德, 定其心이요 知者는 知其道, 而受其知라고 '論學文'에 있어서 풀이

되고 있는 바, 지눌의 定慧雙修와 어떻게 다른가, 또는 어떤 연관성이라도 찾을 수 없는가, 한국사상의 전통적인 흐름을 생각할 때 문제로 삼을 수 있는 점 같기도 하다.

4 無思로 契同

　지눌은 修禪의 방법으로 定慧雙修를 주장하면서도 觀行者들이 忘懷 虛朗하지 못하여 義理에 걸리므로 知見의 병을 씻어버리게 하기 위하여 徑截門의 格外禪에 언급하고 있다.

　禪門에는 定慧를 닦는 것 외에 또 無心合道門이라는 것이 있으니 여기(節要私記)에 略錄하여 敎를 배우는 자로 하여금 格外의 一門을 알아 正信을 發하게 하련다고 한다.[1]

　'祖宗의 無心合道라는 것은 定慧에 구애하는 것이 아니다. 왜 그런고 하니 定學者는 理에 稱合하여 散亂을 攝約하는고로 緣을 잊어버리는 힘이 있고 慧學者는 法을 택하여 空을 보는고로 遣蕩의 공이 있으나 이제 無心으로 直了하여 觸道에 걸림이 없는 자는 장애 없는 解脫智가 現前하는고로 一塵一念이 같이 外來가 아니요 모두 別事가 아니니 功力을 들여야 할 것 없다. 自性定慧만 하여도 오히려 義用에 걸림이 있거든 하물며 離垢門(北宗)이 어찌 여기에 참여할 것이랴. ……이 無心合道가 또한 徑截門의 得入인 것이다.'[2]

　無心이란 무엇인가. '지금 말하는 無心이란 心體가 없음을 無心이라고 하는 것이 아니다. 단지 심중에 물건이 없음을 無心이라고 하는 것이니, 마치 빈 병이라고 함과 같아 병 속에 물건이 없음을 空瓶이라고 하는 것이요, 瓶體가 없음을 空瓶이라고 하지 않는다. 그래서 祖師가 이르기를 네가 다만 마음에 일이 없고 일에 마음이 없으면 자연히 虛하고 靈하며 寂하고 妙하다 하니 이것이 心旨다. 이에 의하면 써 妄心이 없음이요 眞心의 妙用이 없음이 아니다.」

今云無心, 非無心體, 名無心也, 但心中無物, 名曰無心, 如言空瓶, 瓶中無物, 名曰空瓶, 非瓶體無, 名空瓶也, 故祖師云, 汝但於心無事, 於事無心, 自然虛而靈, 寂而妙, 是此心旨也, 據此則以無妄心, 非無眞心妙用也.(修心訣 '法語' 71B)

만일 마음이 있으면 불안하지만 마음이 없으면 스스로 즐거운 것이다. 그러므로 先德의 偈에 이르되, '마음과 더불어 짝을 짓지 마라. 마음이 없으매 마음이 스스로 편안하도다. 만일 마음을 가지고 짝을 지어 움직이면 心讓을 입나니라.'고 하였다. ……만일 無心의 뜻을 直了하지 못한다면 비록 對治折伏한다 하더라도 그 불안의 相이 언제나 나타나 앞에 있을 것이요 만일 無心을 直了하여 觸道에 걸림이 없으면 一塵도 對를 지음을 絶하니 애써 遣蕩의 공을 들여야 할 것이 무엇이며, 一念도 情을 生함이 없으니 緣을 잊어버리는 힘이 필요치 않다.

若有心, 卽不安, 無心, 卽自樂, 故先德偈云, 莫與心爲伴, 無心心自安, 若將心作伴, 動則被心謾, ……若不直了無心之旨, 雖然對治折伏, 其不安之相, 常現在前, 若了無心, 觸道無滯, 絶一塵而作對, 何勞遣蕩之功, 無一念而生情, 不假忘緣之力.(節要私記 44)

그러기에 마음을 가지고 破를 기다려서는 절대로 잘못이다. 만일 마음을 가지고 破하는 곳이 있다면 영겁에 파할 때가 없을 것이다. 能斷의 마음이 바로 이 賊이라고도 한다.

切不可存心待破, 若存心在破處, 則永劫無有破時.(節要私記 133)
能斷之心, 是賊.(동상 116)

그러나 지눌은 定慧等持의 究極的인 뜻도 이 無心의 경지를 노리는 것임을 다음과 같이 서술하고 있다. 즉 達人分上에 定慧等持의 뜻은 功用에 떨어지지 아니하여 원래 스스로 無爲이어서 다시 특별한 시절이 없는지라 色을 보고 소리를 들을 때에도 다만 이러하고, 옷을 입고 밥을 먹을 때에도 다만 이러하며, 똥 누고 오줌 눌 때에도 다만 이러하고, 사람을 대하여 말할 때에도 다만 이러하며, 乃至 行住坐臥와 혹은 말하고 혹은 침묵함과 혹은 기뻐하고 혹은 노하는 일체의 때 가운데에 낱낱이 이와 같아서 빈 배가 물결을 멍에로 하매 높음을 따르며 낮음을 따름과 같고 흐르는 물이 산을 돌매 굽음을 만나며 곧음을 만남과 같아 앎이 없어서 오늘에 騰騰하여 저절로 하고 내일에 저절로 騰騰하여 衆緣을 隨順하되 막힘이 없고 걸림이 없으며 선과 악을 끊지도 않고 닦지도 아니하여 質直한 대로 거짓이 없어서 보고 들음이 尋常한지라 곧 一塵도 對지음을 絶하니 어찌 遺蕩의 功을 수고로이 하며 一念도 情을 生함이 없는지라 緣을 잊어버리는 힘이 필요치 않다.(修心訣 '法語' 50B~51A)

모든 수행이 이러한 無心의 경지를 노리는 것이요 따라서 無心工夫도 여러 방법이 있다고 볼 수 있다. 지눌은 이러한 무심공부를, 一念이 생기자마자 문득 覺에 의하여 破하되 妄과 覺을 다 잊어 無心으로 되는 성찰의 방법, 선도 악도 생각하지 않되 마음이 일어나매 문득 쉬고 緣을 만나매 문득 쉬어 痴 같고 兀함 같은 休歇의 방법, 그리고 마음과 경계를 두며 없앰으로써 되는 방법, 내외의 전체와 全用에 卽하거나 體用을 透出하는 방법 등 10종의 공부방법이 있기는 하나 그중 어느 한 門의 공부만이라도 성취하면 되는 것이니 無功의 功이요 마음 있는 功力이 아니거니와 妄心을 休歇하는 방법이 가장 긴요하다고 한다.(眞心直說 '法語' 71A~75B 참조)[3]

원래 무위라고 함은 먼저 번뇌의 性이 空함을 이미 깨친고로 다스려지는 바 習氣가 生卽無生이요 다스리는 覺行이 爲而無爲이어서 能所를 같이 떠나 緣을 따라 지음이 없으

니 이것이 眞修다.(節要私記 97)

이러한 無爲는 동시에 無所得이다. 만일 眞이다 妄이다 하는 것이 一無所得임을 알면 無所得을 아는 자도 또한 無所得이니 이러한 경계에 이르면 紅爐 위의 일점 잔설과 같은지라 이같이 하면 平昔의 碍膺 認名 執相의 患이 대번에 얼음같이 녹아버려 所執이 없으므로 襟懷가 灑落하여 物累에 구애되지 않게 된다.(節要私記 91~92)

이것을 無念 無作이라고도 하여 '오직 無念으로써 宗을 삼고 無作으로 本을 삼는다.'(結社文 '法語' 16B)고 하여 '만일 念을 떠난 心體를 善得하면 바로 佛智와 相契한다' (동상 17A) '만일 중생이 있어 無念을 觀하는 자는 곧 佛智로 향하는 것이다'(동상 17A)라고 한다.

지눌에 의하면 荷澤宗만 하더라도 悟後의 無念修를 수행의 妙門으로 생각하여 만일 善友의 開示를 만나 空寂의 知를 頓悟하면 知가 또한 無念 無形한 것이니 누가 我相이다 人相이다 할 것이겠는가. 諸相이 空함을 覺하면 마음이 스스로 無念이요 念이 일면 곧 覺하니 覺하면 곧 無라 修行의 妙門이 오직 여기에 있다는 것이다.

> 荷澤宗云, 若遇善友開示, 頓悟空寂之知, 知且無念無形, 誰爲我相人相, 覺諸相空, 心自無念, 念起卽覺, 覺之卽無, 修行妙門, 唯在此也, 此正是悟後無念修也.(節要私記 51)

뿐만 아니라 '淸凉祖師도 佛證離言이라고 하였고 性海果

分은 當是不可說이라 하였으며 또 果海는 念을 떠나 마음으로 전한다고 하니 이와 같이 하여 미루어 본다면 華嚴普機에서도 證入하는 문에 當하여서는 역시 離言絶慮임이 분명하다.'고 한다.

清凉祖師云, 佛證離言, 又云, 性海果分, 當是不可說, 又云 果海離念而心傳, 如是而推, 華嚴普機, 當於證入之門, 亦是離言絶慮, 明矣.(看話決疑論 '法語' 124A~B)

만일 일념의 佛法知解라도 있으면 문득 知解의 병에 걸리는 것이므로 일일이 放下하되 放下 不放下와 濡病 不濡病의 思量조차 없다가 홀연히 沒滋味 無摸索의 話頭 위에 噴地 一發하면 一心法界가 洞然히 명백하여지는 것이니 이런 것을 일러 禪宗 徑截門의 話頭로 參詳 證入하는 비결이라고 한다.(看話決疑論 '法語' 129B)

그리하여 지눌은 悟後修行의 모든 방법이 최후 증입의 究極에 이르면 禪門에서 無念으로 상응함과 같으므로 비록 처음에 聞解로써 信入하였다 하더라도 후에는 無思로써 契合하여 같다고 거듭하여 주장하고 있다.

즉 금시 범부의 觀行門에는 聞解의 語路와 義路가 있으므로 분별없는 智를 얻지 못하고 모름지기 견문과 解行이 생기는 것을 경험한 연후에 證入하는 것이나, 그 證入함을 당하여는 또한 저 禪門의 無念과 서로 응하므로 論(華嚴論)에 이르기를 먼저 聞解로써 信入하고 뒤에 無思로써 契

합하여 같다. 또는 종전의 聞解를 透脫하여 또한 無思로써 契合하여 같다고 한다.

> 今時 凡夫觀行門, 以有聞解語路義路故, 未得無分別智, 須經見聞解行生然後, 證入矣, 當於證入, 亦如禪門無念相應故, 論云, 先以聞解, 信入後, 以無思契同. (看話決疑論 '法語 134A~B)
> 於今時觀行者 以聞解當情故, 須經見聞生解行生然後, 證入, 當證入生, 透脫從前聞解 亦以無思契同也.(동상 130B)
> 華嚴論云, 先以聞解, 信入, 後以無思契同, 旣以無思, 證入, 亦是離言絶慮也.(동상 124A)

지눌에 의하면 일체를 揀除하면 離言의 解에 滯하고 일체를 수용하면 또 圓融의 解에 滯하여 모두 意解에 떨어져서 悟入이 힘들어진다. 만일 頓悟를 하고자 한다면 절대로 意解에 滯하여서는 안 된다. 그리하여 本分宗師의 鍛鍊悟門에서는 또 靈知까지도 제거함을 가장 묘한 것으로 삼는다(本分宗師, 鍛鍊悟門, 亦遣靈知, 最爲妙矣)고 한다. 만일 意解를 透脫하여 一心을 頓悟하면 바야흐로 이 마음이 衆妙를 포함하고 또 言詞를 초월하여 全收 全揀에 自在無碍할 것이다.(節要私記 102)

義湘法師의 偈에 '離名 離相하여 일체를 絶한다'(離名離相絶一切)라든가 '自性을 지키지 않고 緣을 따라 이룬다.'(不守自性隨緣成)라고 함은 먼저 眞性의 離名 離相을 밝히고 다음으로 緣起無碍함을 밝히는 것이어서 圓敎의 全揀全

收의 뜻이다. 또 禪宗에서 直指하는 심성은 본래가 常寂하여 모든 待對를 끊는 것이요 취사를 하는 것이 아니므로 이것은 全收中의 全揀이다.(節要私記 103~104) 그리하여 지눌은 圓敎와 禪宗의 서로 통하는 점을 이 全收와 全揀에 관련시켜 지적하고 있다.

만일 言으로써 解를 生하면 轉身의 길을 몰라 비록 종일토록 관찰하더라도 도리어 知解에 묶인 바 되어 休歇의 때가 없을 것이니 이제 離言得入하여 知解를 頓望하는 자를 위하여 그것이 '비록 宗密의 숭상하는 바는 아니나 祖師 善知識의 徑截方便으로써 배우는 사람을 提接하는 所有言句를 略引한다.'고 한다.

雖非宗密所尙, 略引祖師善知識, 以經截方便, 提接學者, 所有言句.(節要私記 125)

이로써 지눌의 宗密에 비하여 徑截門의 수행방법을 중시하였음이 짐작된다고 하겠다.

佛祖는 사람으로 하여금 문자에 泥着하지 않고 오직 休歇하여 스스로 본심을 보도록 한 것이니 그래서 德山은 入門에 문득 棒을 휘둘렀고 臨濟는 入門에 문득 喝하였다고 한다.(眞心直說序 '法語' 59B)

이런 것이 결국 모든 知見을 破하자는 것이요 禪의 이른바 三玄門이라는 것이 이를 단계적으로 다룬 것이다.

(1) 初玄으로서 體中玄이라는 것이니 圓敎의 事事無碍

의 法인 바 이것은 아직도 佛法의 知見이 마음에 있어서 超脫의 灑落함을 얻지 못하고 있는 경지다.

(2) 第二玄으로서 句中玄이라는 것이니 徑截門의 庭前栢樹子니, 麻三斤이니, 狗子無佛性 등 破病하는 言句로서의 화두에 의하여 初玄門의 佛法知見을 破함으로써 灑落知見을 얻는 경지다. 그러나 이것은 또 灑落知見의 言句를 잊지 못하여 오히려 生死界에 自在할 수 없다.

(3) 끝으로 第三玄인 玄中玄은 다름아닌 良久默然, 棒喝作用 등이니 바로 앞의 灑落知見을 破하는 것이라고 한다.(看話決疑論 '法語' 127B)

지눌에 의하면 그 문을 제대로 얻지 못하고 드는 자는 비록 5천의 藏敎를 檢閱한다고 하여도 많다고 할 것이 아니나 眞心을 洞曉한 자라면 단 一言의 擬比를 내어도 벌써 剩法이다.(眞心直說序 '法語' 60A) 그래서 지눌은 '禪門宗師의 보이는 바 無碍法門이 비록 圓敎와 같으나 言句가 생략된고로 證入의 門에 있어서 切近하다.'고 한다.

 禪門宗師, 所示無碍法門, 雖同圓敎, 而言句省略故, 於證入之門, 切近耳.(看話決疑論 '法語' 136A)

그러나 요는 直截悟入에 있고 註解로 앎을 不許하는 것인 만큼 禪門의 言句가 敎門에 비하여 아무리 생략되었다 하더라도 語路 義路가 끊어진 徑截門의 화두에 비하면 아직도 佛法의 知解가 있는 한, 知解의 병을 벗어나지 못한다.(看話決疑論 '法語' 136B)고 하니 이것은 句中玄인 話頭禪의 장점을 말한 것이라 하겠으나, 言句의 생략을 그처럼 중시한다면 위에서 언급한 玄中玄의 棒이나 喝이야말로 보다 철저하다고 보겠다. 이러한 점으로 미루어 지눌의 사상 밑바닥에는 후일의 우리 나라의 臨濟宗과 일맥상통할 수 있는 면이 엿보이지 않는 것도 아니다.

여하간 지눌에 의하면 敎나 禪이나 그 信入의 출발과 수행 방법이 사람의 根機를 따라 똑같은 것은 아니로되 究極的인 證入의 경지에 이르면 같이 離言絶慮의 無思로써 一致 契同하는 것이지만, '圓敎의 觀行하는 자로 더불어 禪門의 한번 發한 자에 비하면 敎內와 敎外가 멀리 같지 않으므로 時分의 遲速이 또한 같지 않다.'고 하며, 또는 '禪門徑截得入은 頓敎와 같지 않고 또한 圓宗의 得入者로 더불어 敎를 의지하는 것과 敎를 떠나는 것이 遲速이 멀리 다르다.'고 하여 徑截門의 우월함을 넌지시 지적하고 있다.

與圓敎觀行者, 比於禪門一發者, 敎內敎外, 逈然不同故, 時分遲速, 亦不同.(看話決疑論 '法語' 134B)
禪門經截得入, 不同頓敎, 亦與圓宗得入者, 依敎離敎, 遲速逈異也.(동상 130B)

㈜
1) 禪門, 又有修定慧外, 無心合道門, 略錄于此, 令學敎者, 知格外一門, 發正信爾.(節要私記 34)
2) 祖宗無心合道者, 不爲定慧所拘也, 何者, 定學者, 稱理攝散故, 有忘緣

之力, 慧學者, 擇法觀空故, 有遣蕩之功, 今直了無心, 觸道無滯者, 以無障碍解脫智現前故, 一塵一念, 俱非外來, 俱非別事, 何有枉費功力耶, 自性定慧, 尙有滯於義用之地, 況離垢門何詣於此哉…此無心合道, 亦是經截門得入也.(節要私記 44~45)

3) 知訥이 ≪定慧結社文≫ 기타에서 수도하는 사람들에게 염불보다 定慧雙修를 권하였음은 위에서 이미 언급하였거니와 그의 所著인 ≪念佛要門≫에서는 10종의 염불을 들어 그것이 戒身念佛・戒口念佛 등 8종의 修行을 거쳐 제9의 無心念佛에 이르면 念佛之心이 久化成功하여 無心三昧를 漸得한다고 하였고, 다시 제10의 경지인 그 극에 달하면 無了之了로서 三心이 頓空하고 一性이 不動하여 一眞法界가 洞然 명백하게 된다고 한다. 여기서는 염불도 無心工夫의 일종으로 그 의의가 인정되고 있다.

5 廻向의 普賢行

　悟後의 수행에 있어서 定慧雙修니 無念無思니 하면 얼핏 보기에 寂靜을 위주하는 소극적인 방법만이 연상되기 쉬우나 지눌에 의하면 그것은 一面觀에 불과한 것이요 잘못이다.

　이 悟後의 修門은 오직 오염되지 않는 것뿐만 아니라 또한 萬行을 兼修하여 자타를 兼濟함이 있는 것인데 요즈음의 禪을 하는 자는 모두 말하기를 단지 佛性을 明見한 연후에 利他의 行願이 自然成滿한다고 하지만 牧牛子 나는 그런 것이 아니라고 한다.(지눌이 다른 곳에서 볼 수 없는 세찬 표현을 하고 있는 것으로 미루어 확호한 신념에 의한 주장임을 알 수 있다) 佛性을 明見하면 단지 중생과 佛이 평등하여 彼我의 차이가 없어지는 것이니, 만일 悲願을 發하지 않으면 寂靜에 滯할 것이 염려된다. 華嚴論에 이르기를 智性은 寂靜한지라 願으로써 智를 막는다고 하였음이 바로 이 때문이다. 그러므로 悟前 미혹의 경지에서는 비록 志願은 있으나 心力이 昧略하므로 願이 성립하지 않지마는 悟解後에는 差別智로써 衆生苦를 보아 悲願의 마음을 발하여 힘을 따라 푼수를 따라 菩薩道를 행하면 覺行이 漸圓할 것이니 어찌 慶快하지 않겠는가. 이 悟後의 化用이 평등과

차별의 두 뜻이 있으니 평등화는 頓現하는 것이요 차별화는 漸圓하는 것임을 쉽사리 알 수 있을 것이다.

> 今時禪者, 皆云, 但明見佛性然後, 利他行願, 自然成滿, 牧牛子以謂非然也. 明見佛性, 則但生佛平等, 彼我無差, 若不發悲願, 恐滯寂靜, 華嚴論云, 智性寂靜, 以願防智是也, 故知悟前惑地 雖有志願, 心力昧略, 故願不成立, 悟解後, 以差別智, 觀衆生苦, 發悲願心, 隨力隨分, 行菩薩道, 覺行漸圓, 豈不慶快哉, 此悟後化用, 有平等差別二義, 平等化頓現, 而差別化漸圓, 居然可知矣.(節要私記 81)

'만일 智者가 있다면……覺慧가 언제나 밝아서 梵行을 精修하며 큰 誓願을 발하여 널리 중생을 제도할 것이요 자기 일신을 위하여 홀로 해탈을 구하지 않을 것이다.'[1)]

그러기에 만일 오직 返照만 하고 安心無爲하여 決擇을 더하지 않고 선행을 닦지 않으면 이는 闇證 禪客이 된다고 한다.(華嚴論 節要 451)

'또 요즈음의 설법자를 보니 설할 때에는 깨친 것 같으나 觀行에 있어서는 단지 散亂을 調攝하고 묵묵히 비추어 靜을 취하여 行으로 삼으니 이와 같은 자는 끝내 卽心卽佛의 最上乘門에 들어가지 못한다.'고 한다.

> 又見今時說法者, 說時似悟, 而於觀行, 但攝散, 默默取靜爲行, 如此者, 終不入於卽心卽佛最上乘門.(節要私記 83~84)

적극적인 利他의 行이 따라야 한다는 것이 지눌의 사상에 있어서 畵龍點睛의 절대적으로 緊重한 契機임을 간과할 수 없다. 參禪工夫를 한다고 '端居 抱愚하여 분별없음을 본받아 大道로 삼음은 잘못이다.'(結社文 '法語' 21A) 그저 寂靜을 목표로 한다면 이런 것을 일러 趣寂之徒라고 하여 지눌이 무엇보다도 용납할 수 없었던 것이요, '만일 利他의 행이 없으면 이러한 趣寂之徒와 다를 것이 없다.'고 한다.

若無利他之行, 則何異趣寂之徒耶(結社文 '法語' 23A)

그에 반하여 未來際를 다하도록 일체의 고뇌 중생을 구원하고 三寶를 공양하여 佛家의 업을 紹承하니 어찌 趣寂의 徒와 같을 수 있겠는가 한다.(結社文 '法語' 23B)

지눌에 의하면 보살은 본래 타를 제도하려는 것이니 그러기 때문에 먼저 定慧를 닦는 것이요. 이미 타를 제도하려는 願을 발하였다면 먼저 定慧를 닦아야 한다고도 한다.[2]

利他의 善行을 위하여 定慧雙修가 先行하여야 한다는 것이니, 제대로 定慧를 닦음도 없이 만일 말을 따라 見을 내며 文에 의하여 解를 지어서 敎를 쫓고 마음을 미혹하여 指와 月을 분별치 못하여 名聞 利養의 마음을 잊지 못하고 法을 說하여 사람을 제도하고자 하는 자는 더러운 달팽이가 스스로 더럽히고 他를 더럽힘과 같은지라 이것이 바로 세간의 文字法師니 어찌 定慧에 精을 오로지하여 名聞을 구하지 않는 자라고 하겠는가. 華嚴論에 말하기를 만일 스스로 결박됨이 있으면서 능히 타의 결박을 풀려고 한들 그리 될 리가 만무하다고 하였다는 것이다.(結社文 '法語' 13A)

'一心의 妄念이 생기지 않으면 心境이 蕩然함을 얻어 性이 스스로 生함이 없는지라 得함도 없고 證함도 없으면 正覺을 이루므로 문득 이 法으로써 널리 중생을 利하면 이것이 普賢行이다.'

一心妄念不生, 得心境蕩然, 性自無生, 無得無證, 卽成正覺故, 便以此法, 廣利衆生, 是普賢行.(圓頓成佛論「法語」五九B)

그러나 널리 중생을 이롭게 하기 위하여서는 그들의 根機가 각기 다른 만큼 그에 따라야 한다. 그래서 지눌은 '普光明智로써 항시 세간에 處하여 根機를 따라 널리 응하여 중생을 교화하되 染着함이 없이 悲智가 점점 밝고 功行이 점점 더하여 필경에 普賢行을 이룬다.'는 것이다.

以普光明智, 恒處世間, 隨根普應, 敎化衆生, 而無染着, 悲智漸明, 功行暫增, 畢竟成普賢行.(圓頓成佛論 '法語' 113A)

또 根機의 차이를 이미 인정하는 이상 그를 알기 위하여서는 모든 것을 평등 무차별적으로만 보는 데 그치지 않는

差別智가 있어야 할 것이요, '差別智를 따라 동행하여 根機를 알아 중생을 이롭게 해서 휴식이 없음을 이름하여 普賢이라고 한다.'는 것이다.

隨差別智同行, 知根利生, 無有休息, 名爲普賢.(圓頓成佛論 '法語' 95B)

따라서 無差別智인 根本智, 이른바 理智, 一切智, 즉 文殊智에 대하여 差別智인 後得智, 이른바 事智, 一切種智를 普賢行을 위한 것으로 볼 때 普賢智라고 할 수 있을 것이요, 다시 말하여 이 普賢智에 의하여 차별적인 중생의 根機를 알아 그에 따라 이타의 普賢行이 이루어진다고 하겠다. 그리하여 이 차별적인 普賢智가 다름아닌 善根廻向智임이 짐작된다(圓頓成佛論 '法語' 102B)

金富軾의 아들 金君綏가 撰한 普照國師碑名에 있듯이 '처음에는 言詮을 찾아 理에 나아가고 나중에는 定을 닦으며 慧로써 發하여 이미 몸에 얻으매 겸하여 모든 사람에게 베풀어서 禪風으로 하여금 寢息하였던 것을 다시 떨치고 祖月로 하여금 어두웠던 것을 다시 밝게 하였다.'

젊어서 창평 淸源寺에서 六祖壇經을 읽다가 驚喜하였다든가, 下柯山 普門寺에서 李長者의 《華嚴論》을 얻어 보고 信心을 거듭 발하였다든가, 지리산 上無住庵에서 大慧普覺禪師의 어록을 읽고 이에 契會하여 자연히 가슴에 걸림이 없어지고 마음의 원수가 자리를 같이하지 않아 대번에 안락해졌다든가 등등 지눌 자신의 경험한 바에 의하여 言詮聞解의 중요성을 터득한 것이라고 하겠다. 그리하여 지눌은 廻光返照와 頓悟漸修, 나아가 定慧雙修를 주장하게 되었고 定慧結社의 초지를 끝내 관철한 것이라고 하겠다.

그리고 특히 廻向의 普賢行이야말로 한낱 주장이 아니라 그의 일생을 통하여 구현하기에 정성을 다한 가장 특기할 사실이 아닐 수 없다. 定慧結社 자체가 이미 自利와 동시에 利他를 목적으로 한 것이라고 하겠거니와 지눌은 禪老得才의 간청으로 居祖寺에 머무를 때 널리 諸宗의 名利를 버린 高士들을 맞이하여 習定均慧의 수행을 勸請하여 주야로 精勵한 바 있었다. 그리고 지리산 上無住庵의 安居를 거쳐 후에 송광산 길상사로 이주한 동기도 지눌의 普賢行의 발로임이 틀림없다. 중생을 제도함에 있어서 다각적으로 조건에 맞는 곳을 택한 것이라고 전한다. 첫째 산수가 수도에 적합하다고 생각된 것이겠지만 많은 수행자의 뒷바라지를 위하여 곡창이 멀지 않다는 것이 중요한 장점으로 생각되었는지도 모를 일이다. 과연 승려니 속인이니 할 것 없이 사방으로부터 聞風輻輳하여 蔚然히 수도의 중심지가 이루어졌다. 名爵을 버리고 처자를 떠나 승려가 되려고 산으로 찾아드는 사람들은 말할 것도 없지만 王公 士庶 할 것 없이 投名入社하는 사람이 수백인에 달하였다.

지눌은 그의 《定慧結社文》 결론에서 禪과 敎와 儒와

道임을 막론하고 內行之道에 專精하여 이 定慧結社의 뜻에 부합한다면 비록 往日에 契를 맺는 인연은 없었더라도 좋으니 이 結社文의 뒤에 名字를 기록함을 허락한다고 하여 入社를 넌지시 종용하고 있다. 불교 내의 禪이니 敎이니 가리지 않았고 유교와 도교까지도 포용하려는 그의 폭넓은 태도, 그리고 이를 올바른 길로 선도하려는 普賢行의 고귀한 정신이 역연히 나타나 있다.

순천의 송광사는 수많은 國師를 비롯하여 훌륭한 高僧大德이 뒤를 이었고 속출하여 三寶中 僧伽를 대표하는 거찰로 지금도 이름을 떨치고 있거니와 지눌의 이 廻向의 普賢行이 계승되어온 것이요 說法殿에 昇座하여 대중을 위하여 법을 설파하고 錫杖을 잡은 채 床에 걸터앉아 泊然히 입적한 그 善根廻向의 철저한 정신이 오늘의 한국 불교에 있어서 되살려지는 방도는 없는 것인가 모르겠다.

㊟
1) 如有智者……覺慧常明, 精修梵行, 發弘誓願, 廣度群品, 不爲一身, 獨求解脫.(結社文 ‘法語’ 5B)
2) 菩薩本爲度也, 是以先修定慧……旣發度他之願, 先修定慧.(結社文 ‘法語’ 33B)

追　記

　흔히 禪을 서양의 現象學과 비교하면서 일치점을 드러내려는 데 주력하는 경향이 일부에 유행같이 되어 관심을 모으고 있다. 매우 유사하다고 보이는 면이 없는 것은 아니나, 근본적으로 전연 이질적인 점이 있음을 간과함은 또한 경계하여야 할 일이다.

　제일 먼저 返照니 寂照니 하는 것, 定慧라는 것까지도 現象學에 있어서 이른바 還元의 방법과 상통할 것같이 보임직하다. 가령 후설에 있어서 자연적 태도를 괄호치고 무력케 한 후 다시 순수의식 속으로 환원하는 것, 또는 하이데거에 있어서 對象的인 現在性이나 有用性으로부터 本來性으로의 歸還 現示 등, 그리고 무엇보다도 요소로부터 종합의 가능성을 문제로 삼는 칸트식 구성주의의 방법이 아니라 빛이니 드러나느니 하여 현상 그대로를 밝히려는 現象學的 방법 전체가 禪에서 하는 말과 매우 친근성이 느껴짐도 사실일 것이다. 現象學에서 쓰는 서양 술어를 번역함에 있어서 거의 모두가 불교에서 써온 한문 술어를 적용하였기 때문에 더욱 그렇게 생각될는지 모른다.

　뿐만 아니라 하이데거도 그의 現象學的 방법과 관련시켜 진리의 문제를 다룸에 있어서 인용한 플라톤의 동굴의 비유에서 對象化된 존재를 동굴 벽면에 비친 幻影에 불과하다고 본다든가, 태양의 빛을 등지도록 결박되어 있는 나 자신을 해방하여 태양이 빛나는 동굴 밖으로 나와야 된다는 것 같음은 보기에 따라서는 무척 재미있는 유사점을 상징하는 비유같이 생각할 수도 있다.

그러나 근본적으로 가장 중요한 차이점이라고 지적 아니할 수 없는 것은 지눌에 있어서 普光明知의 밝음은 나 아닌 타자로부터 얻어진 광명이 아니다. 나 자신이 佛이기에 佛智가 곧 나의 智요 비춘다 하여도 내가 나를 비추는 것이므로 밖을 향하여 나갔던 빛을 나 자신에게로 되돌리는 廻光返照인 것이다. 동굴 밖에 태양이 따로 있어서 나에게 빛을 던지는 것도 아니요, 인간 존재가 유한하다고 하여 주어진 빛 속으로 내가 던져져 있는 것도 아니다. 빛은 본래가 나와 하나이다. 지눌은 異體說을 철저히 배격한다. 그러기에 구태여 동굴 밖으로 나와야 빛을 보는 것이 아니라 光源은 다름아닌 나 자신이기에 동굴 속에 있는 그대로 밝은 것이요, 결박되어 있다는 것 자체가 환영인 것이다. 나 자신 스스로가 光源임을 깨치면 그대로 결박도 없고 따라서 해방도 새삼스러운 말이 되고 말 것이다. 도대체 非本來性이니 동굴이니 하는 것부터가 환영이 아닐 수 없다.

하이데거에 있어서 인간은 이미 빛살 속에 던져져 있고 그것이 다름아닌 초월이라고 하나, 이미 던져져 있는 만큼

나 아닌 타자에 의한 제약이 전제되어 있다. 能所를 초월한 無念無思의 究極的인 해탈과는 거리가 멀다고 하겠다.

現象學에서는 本質直觀이라고 하여 순수의식의 관조가 다루어진다. 그리하여 다시없이 精緻한 분석을 끈기 있게 전개하는 것이지만 직관이 그대로 精的인 관조에 그칠 뿐, 다시금 자연적인 태도와의 관련성, 더 나아가 신체적인 행위와의 관계를 되찾을 통로가 없었다. 하이데거도 처음부터 세계내 존재니 공동 존재니 하는 말을 하지 않은 것도 아니지만 거기에서 인간의 구체적인 행동, 더구나 실천이 다루어진 것은 아니다. 그러기에 이에 불만을 느낀 사르트르가 사회 참여를 그의 철학 속에서 강조하려고 한 것이라고 보아 무방할 것이다.

후설의 遺稿가 정리 간행됨을 따라 '생의 세계'라는 개념이 새로이 문제의 초점으로 등장되고 그에 따라 일반 철학계에서도 신체니 지각이니 하는 따위가 다시금 철학적 논의의 주제로 다루어지고 있음은 現象學的 還元에 있어서 괄호치고 무력화시켜 버렸던 자연적 태도 내지 유용성의 입장에 새로운 관심을 돌리게 된 것도 같다.

이것은 마치 플라톤의 동굴의 비유에서 동굴 밖으로 나왔던 빛의 탐구자가 동굴 속에 아직도 결박된 채 벽면의 환영을 바라보고 있는 세상 사람들을 깨우쳐 구제하기 위하여 다시금 동굴 속으로 들어가는 것과 비슷한 점이 없지 않다.

그러나 이것은 지눌의 중생을 위한 廻向의 普賢行에서 더 한층 적극적이며 사상적인 표명과 아울러 그대로 실천된 것이요 지눌의 가장 위대한 점이 여기에 있다고 나는 생각한다.

지은이 약력

경성제국대학 철학과 졸업
동대학원 수료
전 서울대학교 대학원장(철학박사)
학술원 회원 역임

저 서
《철학개설》《일반논리학》《인식논리학》
《철학적 모색》《부정에 관한 연구》 기타 다수

한국사상사 (불교사상 편)　〈서문문고 11〉

개정판 인쇄 / 1999년 2월 15일
개정판 발행 / 1999년 2월 20일
지은이 / 박 종 홍
펴낸이 / 최 석 로
펴낸곳 / 서 문 당
주 소 / 서울시 마포구 성산동 103-7호
전 화 / 322-4916~8 팩스 / 322-9154
등록일자 / 1973. 10. 10
등록번호 / 제13-16

초판 발행:1972년 9월 5일 * 잘못된 책은 바꾸어 드립니다

서문문고 목록

001~303
◆ 번호 1의 단위는 국학
◆ 번호 홀수는 명저
◆ 번호 짝수는 문학

001 한국회화소사 / 이동주
002 황야의 늑대 / 헤세
003 고독한 산책자의 몽상 / 루소
004 멋진 신세계 / 헉슬리
005 20세기의 의미 / 보울딩
006 가난한 사람들 / 도스토예프스키
007 실존철학이란 무엇인가 / 볼노브
008 주홍글씨 / 호돈
009 영문학사 / 에반스
010 쯔바이크 단편집 / 쯔바이크
011 한국 사상사 / 박종홍
012 플로베르 단편집 / 플로베르
013 엘리어트 문학론 / 엘리어트
014 모음 단편집 / 서머셋 모음
015 몽테뉴수상록 / 몽테뉴
016 헤밍웨이 단편집 / E. 헤밍웨이
017 나의 세계관 / 아인스타인
018 춘희 / 뒤마피스
019 불교의 진리 / 버트
020 뷔뷔 드 몽빠르나스 / 루이 필립
021 한국의 신화 / 이어령
022 몰리에르 희곡집 / 몰리에르
023 새로운 사회 / 카아
024 체호프 단편집 / 체호프
025 서구의 정신 / 시그프리드
026 대학 시절 / 슈토름
027 태초에 행동이 있었다 / 모로아
028 젊은 미망인 / 쉬니츨러
029 미국 문학사 / 스필러
030 타이스 / 아나톨프랑스
031 한국의 민담 / 임동권
032 모파상 단편집 / 모파상
033 은자의 황혼 / 페스탈로치
034 토마스만 단편집 / 토마스만
035 독서술 / 에밀파게
036 보물섬 / 스티븐슨
037 일본제국 흥망사 / 라이샤워
038 카프카 단편집 / 카프카
039 이십세기 철학 / 화이트
040 지성과 사랑 / 헤세
041 한국 장신구사 / 황호근
042 영혼의 푸른 상흔 / 사강
043 러셀과의 대화 / 러셀
044 사랑의 풍토 / 모로아
045 문학의 이해 / 이상섭
046 스탕달 단편집 / 스탕달
047 그리스, 로마신화 / 벌핀치
048 육체의 악마 / 라디게
049 베이컨 수상록 / 베이컨
050 마농레스코 / 아베프레보
051 한국 속담집 / 한국민속학회
052 정의의 사람들 / A. 까뮈
053 프랭클린 자서전 / 프랭클린
054 투르게네프단편집 / 투르게네프
055 삼국지 (1) / 김광주 역
056 삼국지 (2) / 김광주 역
057 삼국지 (3) / 김광주 역
058 삼국지 (4) / 김광주 역
059 삼국지 (5) / 김광주 역
060 삼국지 (6) / 김광주 역
061 한국 세시풍속 / 임동권
062 노천명 시집 / 노천명
063 인간의 이모저모 / 라 브뤼에르
064 소월 시집 / 김정식
065 서유기 (1) / 우현민 역
066 서유기 (2) / 우현민 역
067 서유기 (3) / 우현민 역
068 서유기 (4) / 우현민 역
069 서유기 (5) / 우현민 역
070 서유기 (6) / 우현민 역
071 한국 고대사회와 그 문화
　　 / 이병도
072 피서지에서 생긴일 / 슬론 윌슨
073 마하트마 간디전 / 로망롤랑

서문문고목록 2

074 투명인간 / 웰즈
075 수호지 (1) / 김광주 역
076 수호지 (2) / 김광주 역
077 수호지 (3) / 김광주 역
078 수호지 (4) / 김광주 역
079 수호지 (5) / 김광주 역
080 수호지 (6) / 김광주 역
081 근대 한국 경제사 / 최호진
082 사랑은 죽음보다 / 모파상
083 퇴계의 생애와 학문 / 이상은
084 사랑의 승리 / 모옴
085 백범일지 / 김구
086 결혼의 생태 / 펄벅
087 서양 고사 일화 / 홍윤기
088 대위의 딸 / 푸시킨
089 독일사 (상) / 텐브록
090 독일사 (하) / 텐브록
091 한국의 수수께끼 / 최상수
092 결혼의 행복 / 톨스토이
093 율곡의 생애와 사상 / 이병도
094 나심 / 보들레르
095 에머슨 수상록 / 에머슨
096 소아나의 이단자 / 하우프트만
097 숲속의 생활 / 소로우
098 마을의 로미오와 줄리엣 / 켈러
099 참회록 / 톨스토이
100 한국 판소리 전집 /신재효,강한영
101 한국의 사상 / 최창규
102 결산 / 하인리히 빌
103 대학의 이념 / 야스퍼스
104 무덤없는 주검 / 사르트르
105 손자 병법 / 우현민 역주
106 바이런 시집 / 바이런
107 종교론,국민교육론 / 톨스토이
108 더러운 손 / 사르트르
109 신역 맹자 (상) / 이민수 역주
110 신역 맹자 (하) / 이민수 역주
111 한국 기술 교육사 / 이원호
112 가시 돋힌 백합/ 어스킨콜드웰
113 나의 연극 교실 / 김경옥
114 목녀의 로맨스 / 하디
115 세계발행금지도서100선 / 안춘근
116 춘향전 / 이민수 역주
117 형이상학이란 무엇인가 / 하이데거
118 어머니의 비밀 / 모파상
119 프랑스 문학의 이해 / 송면
120 사랑의 핵심 / 그린
121 한국 근대문학 사상 / 김윤식
122 아느 여인의 경우 / 콜드웰
123 현대문학의 지표 외/ 사르트르
124 무서운 아이들 / 장콕토
125 대학·중용 / 권태익
126 사씨 남정기 / 김만중
127 행복은 지금도 가능한가 / B. 러셀
128 검찰관 / 고골리
129 현대 중국 문학사 / 윤영춘
130 펄벅 단편 10선 / 펄벅
131 한국 회폐 소사 / 최호진
132 사형수 최후의 날 / 위고
133 사르트르 평전 / 프랜시스 장송
134 독일인의 사랑 / 막스 뮐러
135 사서삼경 입문 / 이민수
136 로미오와 줄리엣 /셰익스피어
137 햄릿 / 셰익스피어
138 오델로 / 셰익스피어
139 리어왕 / 셰익스피어
140 맥베스 / 셰익스피어
141 한국 고시조 500선/강한영 편
142 오색의 베일 /서머셋 모옴
143 인간 소송 / P.H. 시몽
144 불의 강 외 1편 / 모리악
145 논어 /남만성 역주
146 한여름밤의 꿈 / 셰익스피어
147 베니스의 상인 / 셰익스피어
148 태풍 / 셰익스피어
149 말괄량이 길들이기/셰익스피어
150 뜻대로 하셔요 / 셰익스피어

151 한국의 기후와 식생 / 차종환	190 축혼가 (하) / 샤르도느
152 공원묘지 / 이블린	191 한국독립운동지혈사(상) / 박은식
153 중국 회화 소사 / 허영환	192 한국독립운동지혈사(하) / 박은식
154 데미안 / 헤세	193 항일 민족시집/안중근외 50인
155 신역 서경 / 이민수 역주	194 대한민국 임시정부사 /이강훈
156 임어당 에세이션 / 임어당	195 항일운동가의 일기/장지연 외
157 신정치행태론 / D.E.버틀러	196 독립운동가 30인전 / 이민수
158 영국사 (상) / 모로아	197 무장 독립 운동사 / 이강훈
159 영국사 (중) / 모로아	198 일제하의 명논설집/안창호 외
160 영국사 (하) / 모로아	199 항일선언·창의문집 / 김구 외
161 한국의 고기담 / 박용구	200 한말 우국 명상소문집/최창규
162 윤손 단편 선집 / 윤손	201 한국 개황사 / 김용욱
163 권력론 / 러셀	202 전원 교향악 외 / A. 지드
164 군도 / 실러	203 직업으로서의 학문 외 / M. 베버
165 신역 주역 / 이기석	204 나도향 단편선 / 나빈
166 한국 한문소설선 / 이민수 역주	205 윤봉길 전 / 이민수
167 동의수세보원 / 이제마	206 다니엘라 (외) / L. 린저
168 좁은 문 / A. 지드	207 이성과 실존 / 야스퍼스
169 미국의 도전 (상) / 시라이버	208 노인과 바다 / E. 헤밍웨이
170 미국의 도전 (하) / 시라이버	209 골짜기의 백합 (상) / 발자크
171 한국의 지혜 / 김덕형	210 골짜기의 백합 (하) / 발자크
172 감정의 혼란 / 쯔바이크	211 한국 만속악 / 이선우
173 동학 백년사 / B. 웜스	212 젊은 베르테르의 슬픔 / 괴테
174 성 도밍고섬의 약혼 /클라이스트	213 한문 해석 입문 / 김종권
175 신역 시경 (상) / 신석초	214 상록수 / 심훈
176 신역 시경 (하) / 신석초	215 채근담 강의 / 홍응명
177 베를렌느 시집 / 베를렌느	216 하디 단편선 / T. 하디
178 미시시피씨의 결혼 / 뒤렌마트	217 이상 시전집 / 김해경
179 인간이란 무엇인가 / 프랭클	218 고요한물방아간이야기 / H. 주더만
180 구운몽 / 김만중	219 제주도 신화 / 현용준
181 한국 고시조사 / 박을수	220 제주도 전설 / 현용준
182 어른을 위한 동화집 / 김요섭	221 한국 현대사의 이해 / 이현희
183 한국 위기(圍棋)사 / 김용국	222 부와 빈 / E. 헤밍웨이
184 숲속의 오솔길 / A.시티프터	223 막스 베버 / 황산덕
185 미학사 / 에밀 우티쯔	224 적도 / 현진건
186 한중록 / 혜경궁 홍씨	225 민족주의와 국제체제 / 힌슬리
187 이백 시선집 / 신석초	
188 민중들 반란을 연습하다 / 귄터 그라스	
189 축혼가 (상) / 샤르도느	

서문문고목록 4

226 이상 단편집 / 김해경
227 심략신강 / 강무학 역주
228 굿바이 미스터 칩스 (외) / 힐튼
229 도연명 시전집 (상) / 우현민 역주
230 도연명 시전집 (하) / 우현민 역주
231 한국 현대 문학사 (상) / 전규태
232 한국 현대 문학사 (하) / 전규태
233 말테의 수기 / R.H. 릴케
234 박경리 단편선 / 박경리
235 대학과 학문 / 최호진
236 김유정 단편선 / 김유정
237 고려 인물 열전 / 이민수 역주
238 에밀리 디킨슨 시선 / 디킨슨
239 역사와 문명 / 스트로스
240 인형의 집 / 입센
241 한국 골동 입문 / 유병서
242 토마스 울프 단편선 / 토마스 울프
243 철학자들과의 대화 / 김준섭
244 파리시절의 릴케 / 버틀러
245 변증법이란 무엇인가 / 하이스
246 한용운 시전집 / 한용운
247 중론송 / 나아가르쥬나
248 알퐁스도데 단편선 / 알퐁스 도데
249 엘리트와 사회 / 보트모어
250 O. 헨리 단편선 / O. 헨리
251 한국 고전문학사 / 전규태
252 정을병 단편집 / 정을병
253 악의 꽃들 / 보들레르
254 포우 걸작 단편선 / 포우
255 양명학이란 무엇인가 / 이민수
256 이육사 시문집 / 이원록
257 고시 십구수 연구 / 이계주
258 안도라 / 막스프리시
259 병자남한일기 / 나만갑
260 행복을 찾아서 / 파울 하이제
261 한국의 효사상 / 김익수
262 갈매기 조나단 / 리처드 바크
263 세계의 사진사 / 버먼트 뉴홀
264 환영(幻影) / 리처드 바크
265 농업 문화의 기원 / C. 사우어
266 젊은 처녀들 / 몽테를랑
267 국가론 / 스피노자
268 임진록 / 김기동 편
269 근사록 (상) / 주희
270 근사록 (하) / 주희
271 (속)한국근대문학사상/ 김윤식
272 로렌스 단편선 / 로렌스
273 노천명 수필집 / 노천명
274 콜롱바 / 메리메
275 한국의 연정담 /박용구 편저
276 심현학 / 황산덕
277 한국 명창 열전 / 박경수
278 메리메 단편집 / 메리메
279 예언자 / 칼릴 지브란
280 충무공 일화 / 성동호
281 한국 사회풍속야사 / 임종국
282 행복한 죽음 / A. 까뮈
283 소학 신강 (내편) / 김종권
284 소학 신강 (외편) / 김종권
285 홍루몽 (1) / 우현민 역
286 홍루몽 (2) / 우현민 역
287 홍루몽 (3) / 우현민 역
288 홍루몽 (4) / 우현민 역
289 홍루몽 (5) / 우현민 역
290 홍루몽 (6) / 우현민 역
291 현대 한국시의 이해 / 김해성
292 이효석 단편집 / 이효석
293 현진건 단편집 / 현진건
294 채만식 단편집 / 채만식
295 삼국사기 (1) / 김종권 역
296 삼국사기 (2) / 김종권 역
297 삼국사기 (3) / 김종권 역
298 삼국사기 (4) / 김종권 역
299 삼국사기 (5) / 김종권 역
300 삼국사기 (6) / 김종권 역
301 민화란 무엇인가 / 임두빈 저
302 무정 / 이광수
303 야스퍼스의 철학 사상
  / C.F. 월레프
311 한국풍속화집 / 이서지